DES

SOCIÉTÉS A TITRE UNIVERSEL

EN DROIT ROMAIN

DE LA

SOCIÉTÉ D'ACQUÊTS

JOINTE AU

RÉGIME DOTAL

EN DROIT FRANÇAIS

~⁓ꙮ⁓~

THÈSE POUR LE DOCTORAT

SOUTENUE

DEVANT LA FACULTÉ DE DROIT DE GRENOBLE

Le 3o décembre 188o

PAR

Antoine-Louis PILLET

———————— ⋙◦⋘ ————————

GRENOBLE

TYPOGRAPHIE ET LITHOGRAPHIE DE F. ALLIER PÈRE ET FILS

Grand'Rue, 8, cour de Chaulnes.

1880

DES

SOCIÉTÉS A TITRE UNIVERSEL

EN DROIT ROMAIN

DE LA

SOCIÉTÉ D'ACQUETS

JOINTE AU

RÉGIME DOTAL

EN DROIT FRANÇAIS

THÈSE POUR LE DOCTORAT

SOUTENUE

DEVANT LA FACULTÉ DE DROIT DE GRENOBLE

Le 3o décembre 188o

PAR

Antoine-Louis PILLET

GRENOBLE

TYPOGRAPHIE ET LITHOGRAPHIE DE F. ALLIER PÈRE ET FILS

Grand'Rue, 8, cour de Chaulnes.

1880

FACULTÉ DE DROIT DE GRENOBLE

MM. GUEYMARD, doyen, professeur de Droit commercial.
TROUILLER ✤, professeur de Code civil.
LAMACHE ✤,   —   de Droit administratif.
TESTOUD,   —   de Code civil.
GUÉTAT,   —   de Droit criminel.
TARTARI, agrégé, chargé du cours de Droit Romain.
PLANIOL, agrégé, chargé d'un cours de Droit civil.
FOURNIER, agrégé, chargé du cours de Procéd. civile.
RAMBAUD, chargé du cours d'Economie politique.
BEAUDOIN, chargé d'un cours de Droit romain.
ROYON, secrétaire, agent-comptable.

SUFFRAGANTS

MM. GUEYMARD, *président.*
TROUILLER,   }
TESTOUD,   } *professeurs.*
TARTARI,   }
FOURNIER,   } *agrégés.*

A MON ONCLE

M. Louis PILLET

Docteur en droit,

Président de l'Académie de Savoie, Officier de l'Instruction publique,

HOMMAGE D'UNE JUSTE RECONNAISSANCE

INTRODUCTION

~~ ❈ ~~

Il faut chercher seulement à penser et à parler juste sans vouloir amener les autres à notre goût et à nos sentiments ; c'est une trop grande entreprise.
                                    La Bruyère.

La société n'a pas d'origine. Aussi loin que les jurisconsultes et les historiens ont poussé leurs recherches, ils ont rencontré l'usage de l'association ; ses règles ont pu varier, ses applications se multiplier ou se réduire, mais toujours et partout elle a existé et l'on peut dire sans exagération que son histoire se confond avec celle de la civilisation, dont elle a été et dont elle est encore l'agent le plus énergique. Nous croyons donc qu'aucune législation positive ne peut s'énorgueillir d'avoir été le berceau du droit d'association, car la société est de droit naturel : on ne la crée pas, on en subit la nécessité. Fait de force et de faiblesse, grand dans ses conceptions, mais petit dans les moyens de les réaliser, l'homme a dû, dès le principe, reconnaître la nécessité d'unir sa faiblesse à la faiblesse de ses semblables, afin d'en faire jaillir une force capable de triompher des obstacles que mettait la nature à l'exécution de ses projets. De là la première société contemporaine du premier homme.

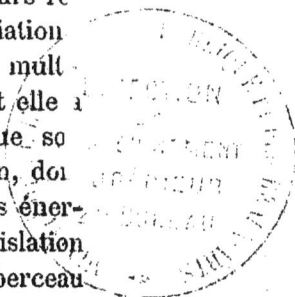

Il suffit de jeter les yeux autour de soi pour mesurer toute l'extension qu'a pris ce contrat. Ici, ce
sont des sociétés religieuses ou politiques, là, nous
voyons des agrégations de personnes qui consacrent
leur vie à l'exercice de la charité, tandis que d'autres
réunissent leurs efforts dans le but de contribuer à
l'avancement des sciences et des arts. Dans un
autre ordre d'idées, les gigantesques entreprises, les
travaux presque surhumains dont notre siècle a été
le témoin nous montrent partout la puissance de
l'association. En un mot, tout nous révèle dans la
société la force la plus active et la plus puissante qui
ait jamais existé ; c'est bien là ce levier qu'Archi-
mède demandait pour soulever le monde.

Un ensemble d'individus réunissant leurs efforts
dans un but commun, tel est l'élément essentiel et
caractéristique de toute association. Envisagée sous
un aspect aussi général, la société est un sujet trop
vaste pour l'étude. Nous la diviserons donc tout
d'abord, d'après le but que poursuivent les associés,
en sociétés personnelles et sociétés pécuniaires.
Sous la dénomination de sociétés personnelles nous
comprenons toutes celles qui ont en vue la réalisation d'un avantage autre qu'un gain pécuniaire :
dans cette catégorie rentre la société conjugale, les
sociétés religieuses, politiques, charitables, scienti-
fiques, littéraires, etc. De pareilles associations
n'ayant pas les biens des associés pour objet principal, leur réglementation échappe au droit civil et
il appartient seulement au législateur de veiller à ce
qu'elles n'étouffent pas l'indépendance individuelle,

laissant pour tout le reste au génie des associés le
soin de rechercher les principes qui doivent les
diriger. Nous les rejetterons donc tout d'abord, et
nous porterons exclusivement notre attention sur les
sociétés pécuniaires, c'est-à-dire celles qui ont pour
objet de produire, au profit des associés, un avantage appréciable en argent. Ce sont, à proprement
parler, les seules associations qui rentrent dans le
domaine des études du jurisconsulte.

Soucieuse de protéger contre la fraude les intérêts
des justiciables, désireuse d'accroître le crédit public
en augmentant les richesses de chacun, la loi s'est
de tout temps préoccupée de douer les sociétés
d'une sage réglementation. En cette matière, un
double écueil est à éviter : s'il faut laisser à l'association toute la liberté qui lui est nécessaire pour
s'étendre et accomplir les grands desseins qu'elle
médite, il faut aussi éviter que cette liberté ne dé-
génère en licence et ne cause la ruine de l'association qu'elle voulait favoriser.

Aujourd'hui même, ce grand problème n'est pas
résolu : il est douteux qu'il le soit jamais. Du reste,
une même loi ne pourrait convenir à tous, car la législation doit être mesurée sur les besoins de ceux
qu'elle est appelée à régir. Il n'y a donc pas en
matière de société de règle universellement bonne.

Si, en effet, l'association répond à un besoin inné
de l'homme, on ne la retrouve nulle part semblable
à elle-même : le principe est immortel et nécessaire,
ses applications, au contraire, sont éminemment
variables.

Cette contradiction apparente ne doit pas étonner :
l'homme a en lui deux sentiments opposés : celui de
sa force et celui de sa faiblesse ; selon que l'un ou
l'autre prédomine, le besoin d'association se fait plus
ou moins sentir, ou plus exactement, se fait également sentir, mais sous des formes différentes.
Dans un état peu avancé de civilisation, l'homme est
sans cesse sous l'impression de sa faiblesse ; toujours
préoccupé de la lutte qu'il a à soutenir contre les
obstacles de tout genre qui gênent sa vie matérielle,
il ne songe pas à conquérir, il ne prétend que se
défendre. C'est ainsi que nous voyons au moyen âge
les gens de mainmorte d'abord, les roturiers ensuite,
confondre leurs biens et leurs existences afin de
rendre plus léger le joug qui pèse sur leurs têtes :
nous verrons de même, qu'à Rome, les affranchis
avaient trouvé dans la société universelle un remède
contre la misère et la honte de leur condition. A de
pareilles situations, ce sont les sociétés à titre universel qui conviennent le mieux. Il ne s'agit, en
effet, pas tant pour les malheureux d'acquérir des
richesses au moyen d'une commune mise de fonds,
que de se créer une existence commune, de se lier
les uns aux autres par les liens de la confraternité,
et de lutter ainsi contre l'ostracisme dont ils ont été
l'objet de la part de la société ; l'association pour
eux n'est pas issue d'une idée de lucre, mais du
sentiment naturel qui pousse l'homme à se rapprocher de ses semblables, à se faire une famille, une
cité. Toute contraire est l'utilité des sociétés à
titre particulier. Celles-ci supposent une civilisation

plus avancée, des mœurs plus douces, une liberté
plus grande : sûr de son droit, l'homme porte ses
regards vers l'avenir; doué de l'instinct du progrès,
il ne saurait se contenter de la situation qui lui est
acquise; du moment où son activité n'est plus occupée à la défense, elle est employée à l'attaque, il
veut parvenir, et son imagination lui montre des résultats auxquels ses propres forces ne sauraient
atteindre. C'est l'association encore qui lui vient en
aide; mais cette fois les mobiles ne sont plus les
mêmes, et les formes de société changent avec eux.
Il n'est plus besoin d'enchaîner à une vie commune
ses biens et son indépendance, il suffit de former
par des prélèvements individuels sur plusieurs patrimoines un fonds social qui, exploité par l'industrie
de tous, permettra d'atteindre le but ambitionné.

C'est ainsi que la Grèce antique nous offre de
nombreux exemples d'associations particulières, que
Rome, à l'apogée de sa puissance et de sa gloire,
connut ces nombreuses sociétés de capitaux qui, non
contentes de centraliser dans la cité les revenus du
monde entier, arrivèrent à sauver la République en
lui prêtant leur appui. C'est ainsi, enfin, que de nos
jours l'association a réalisé des merveilles, et grâce
à la pratique constante dont elle a été l'objet, a modifié à un tel point la situation économique de notre
pays, qu'une loi, âgée d'un siècle à peine, semble
aujourd'hui déjà impropre à sa destination. On ne
saurait méconnaître les services rendus par les sociétés particulières de nos jours : sont-ils plus im-
portants que ceux que les siècles précédents ont dus

aux sociétés à titre universel, il serait difficile de le déterminer. Quoi qu'il en soit, il est bien établi que l'un et l'autre genre a son utilité particulière et est appelé à fonctionner dans le milieu qui lui est propre.

De même que le moyen âge ne connut qu'exceptionnellement et assez tard les sociétés en commandite des *Lombards*, de même, notre siècle a oublié la pratique des sociétés universelles, et si un exemple en est encore présent à nos yeux, c'est hors la loi qu'il faut aller le chercher, dans ces congrégations d'hommes ou de femmes, qui mettent en commun une existence faite de labeurs et de privations, afin de soulager avec plus d'efficacité les misères de l'humanité.

Que conclure de cette rapide esquisse de l'importance du contrat de société, sinon que le besoin de s'associer est une partie de l'homme lui-même, que toujours on le trouve s'accommodant aux circonstances, prenant mille formes diverses dans un but unique, vaincre la faiblesse de l'homme; qu'en un mot, il est comme toute institution vraiment utile, éminemment digne de servir d'objet aux travaux du philosophe et du jurisconsulte?

Après avoir envisagé à un point de vue général l'esprit des diverses législations touchant la société, nous allons aborder l'objet direct de notre étude et traiter successivement de la société à titre universel en Droit romain, et de la société d'acquêts jointe au régime dotal en Droit civil.

Nous diviserons notre travail sur le Droit romain

en quatre chapitres, dans lesquels nous traiterons successivement 1° des notions générales sur les sociétés à titre universel ; 2° des éléments essentiels à leur formation ; 3° de leurs effets ; 4° de leur application pratique.

PREMIÈRE PARTIE

DROIT ROMAIN

CHAPITRE PREMIER

Notions générales.

§ I. — DÉFINITION. — DIVISION.

La société est un contrat nommé, synallagmatique parfait, de bonne foi, qui produit entre deux ou plusieurs personnes l'obligation de mettre en commun certaines valeurs en vue d'en retirer un bénéfice. Voilà la définition de la société, non pas telle que les textes nous la donnent, car ils sont muets sur ce point, mais telle qu'elle résulte de l'ensemble des dispositions édictées par le législateur romain sur ce sujet.

Nous trouvons dans Gaïus (III, § 148) la division générale des sociétés : « *Societatem çoire solemus aut totorum bonorum aut alicujus negotiationis,* » la société peut être ou à titre universel ou à titre particulier. Inexacte en la forme, cette division, qui a le tort de ranger tout un genre de sociétés sous la dénomination propre à une seule espèce, n'en domine pas moins toute la matière. Partout où a existé la société, on la rencontre avec elle, car il est nécessaire de distinguer l'un de l'autre deux genres d'associations, l'un, embrassant soit tout le patrimoine, soit au moins tous les efforts des contractants en vue d'un but déterminé, l'autre, ne créant qu'une association partielle, réduite à un seul objet ou à une série unique d'opérations. Nous laisserons immédiatement de côté les sociétés à titre particulier, *unius negotiationis,* comme les appelle improprement Gaïus, pour nous préoccuper uniquement des sociétés à titre universel.

Le Droit romain nous a transmis deux espèces de sociétés à titre universel. Leur trait commun, le *criterium* qui sert à les faire reconnaître a déjà été indiqué : dans l'une comme dans l'autre, le contrat astreint les associés à mettre toute leur industrie à produire des bénéfices communs. A côté de ce trait de ressemblance apparaît la différence qui existe entre les deux espèces de sociétés à titre universel : dans l'une que l'on nomme pour cela la société de tous biens, les contractants confondent en outre dans le fonds social tout leur patrimoine présent et futur; dans l'autre, ils se bornent à mettre en commun leur industrie, se réservant en propre les biens qu'ils possédaient au jour de l'association ou qui leur adviendront plus tard par succession ou donation.

La première est désignée dans les textes sous le nom de *societas totorum*, *omnium ou universorum bonorum*, *societas universarum fortunarum;* la seconde a reçu des jurisconsultes les dénominations de *societas omnium quæstuum*, *societas omnium quæ exquæstu veniunt*. Devant étudier ces deux institutions, nous les examinerons simultanément, notant avec soin toutes les différences qu'elles peuvent présenter.

Leur importance semble avoir été grande à Rome, nous l'apprécierons mieux après avoir étudié les principes qui les gouvernent; aussi nous bornons-nous pour le moment à deux remarques :

1o La société de tous biens est la plus grave des deux, çar elle contient une communication du patrimoine présent et futur des associés que l'on ne trouve pas dans la société de tous gains. Pour décider quelle serait, en cas de doute, celle que l'on devrait supposer avoir été formée, les jurisconsultes romains s'en sont rapportés aux principes généraux du Droit et ont appliqué la régle : *in dubio quod minimum est sequimur* (9 D. *de reg. jur.*, l. 17); aussi lit-on dans la loi 7, *pro socio*, au Digeste, qu'en cas de doute, on devra regarder la société comme restreinte aux seuls acquêts « *et si non fuerit distinctum, videtur coita esse universorum quæ ex quæstu veniunt.* » (Ulp.) (1).

---

(1) On rencontre une présomption analogue dans l'article 1839 du Code civil.

2° La société de tous biens paraît être fort ancienne. M. Accarias (*Précis*, t. ii, p. 494, n° 1) se demande si elle ne serait point la plus ancienne de toutes. Il remarque, en effet, que les *Institutes* nous la donnent comme déjà usitée en Grèce, sous le nom de κοινοπραξια. De plus, les premières lois de notre titre sont toutes relatives à ce genre de société, et, détail concluant, on l'y trouve quelquefois désignée sous la seule expression de *societas*. Enfin, cette proposition nous explique pourquoi nous rencontrons dans toutes les sociétés certains caractères, le *jus fraternitatis*, par exemple, qui, difficilement justifiables dans les sociétés à titre particulier, sont, au contraire, de la nature de la société universelle. Ces raisons nous paraissent concluantes, et nous croyons avec le savant professeur de la Faculté de Paris, qu'historiquement, la société de tous biens a dû précéder toutes les autres.

§ II. — Caractères généraux.

Les sociétés à titre universel présentent deux caractères généraux qui demandent à être étudiés tout d'abord, car ils sont destinés à éclairer dans la suite plusieurs solutions qu'eux seuls peuvent justifier : 1° elles sont faites *intuitu personæ*; 2° elles relient les associés les uns aux autres par des liens de confraternité que nous trouvons qualifiés par les textes de *jus fraternitatis*. Ces deux caractères ne sont pas dans leur application particuliers à notre matière, car les textes les étendent à toute société ; ils s'y rapportent cependant plus intimement qu'à toute autre, car c'est dans les sociétés à titre universel qu'ils semblent avoir pris naissance et que leur application est la plus fertile en conséquences.

Elles se forment *intuitu personæ* : « *Qui societatem contrahit certam personam sibi eligit*, paragraphe 5, Inst. » On comprend aisément, qu'avant de se lier pour longtemps, souvent pour toujours à une personne dont on partagera désormais la bonne et mauvaise fortune, on s'enquière avec soin de sa personnalité et que cette personnalité soit en quelque sorte cause de l'association. On comprend moins ou plutôt on ne comprend plus du tout ce caractère personnel de l'association dans les sociétés à titre particulier : qu'importe, lorsque je joins mon cheval (58 *hoc. tit.*) à trois autres pour former un quadrige et le vendre, que le propriétaire de ceux-ci soit telle personne plutôt que telle autre. Cette société est formée *intuitu rei* et non *intuitu personæ*. Quoi qu'il en soit, les Romains, par respect de la tradition sans doute, ont regardé toute société comme un contrat essentiellement personnel, et ce principe est resté la base de toute la matière. De là, plusieurs conséquences :

1° Un associé ne peut pas, par contrat, céder à un tiers son droit dans la société ; ce contrat ne serait pas opposable aux autres associés, *nam socii mei socius, socius meus non est* (20, D., h. t.).

Bien plus, nous pensons que les contractants ne pourraient, par clause spéciale de l'acte de société, se réserver ce droit. Ulpien dit en effet : « *Socius mihi esse non potest, quam ego socium esse nolui* » (19, D., h. t.); pour avoir quelqu'un pour associé, il faut le choisir, le connaître individuellement.

2° La société se dissout par la mort d'un associé, et il serait interdit de convenir au moment du contrat qu'elle se continuera avec les héritiers de l'associé prédécédé (65, § 9, 35, 37, D., h. t.).

3° La société se dissout également par tous les événements qui, changeant la condition juridique d'un individu, sont comme une espèce de mort civile, éteignant sa personnalité antérieure, c'est-à-dire dans le droit classique par la *venditio bonorum* (Gaïus III § 154), et toute *capitis deminutio* (Gaïus III, § 153), sous Justinien, par la confiscation, la cession de biens, la *maxima* et la *media capitis deminutio* (Just., § 57 et 8, h. t.; 63, § 10, 65; § II, D., h. t.).

Sur la foi d'Ulpien et de Paul, auteurs des lois 63 et 65, D., h. t., certains commentateurs eussent refusé à la *minima capitis diminutio* du droit classique l'effet de dissoudre la société ; leur sentiment est peu suivi, il a contre lui Gaïus et les principes généraux, (*capitis diminutio morti œquiparatur*). Ainsi on s'accorde généralement pour reconnaître que les lois 63, § 10 et 65, § 11, D., h. t. ont été interpolées par Justinien, désireux de les mettre d'accord avec sa propre doctrine.

4° *Jus fraternitatis Societas*, nous dit Ulpien dans la loi 63, pr., D., h. t., *jus quodammodo fraternitatis in se habet.*

Nous touchons ici au caractère le plus remarquable de la société, le *jus fraternitatis*. Il convient d'abord de lui appliquer la remarque précédemment faite à propos du premier caractère : en pratique, le *jus fraternitatis* est de toutes les sociétés ; en théorie il ne se justifie que dans la société à titre universel, par les rapports intimes et quotidiens que ce germe d'association fait naître entre les contractants. Les conséquences du *jus fraternitatis* sont si nombreuses qu'on peut dire qu'il est la base de toute la théorie du contrat de société. Il serait difficile de les énumérer toutes : voici toutefois les principales :

1º De même que dans une famille tous les frères sont égaux entre eux, de même dans une société tous les contractants sont mis par la loi sur le pied de l'égalité la plus parfaite. Un même nom, *socius*, les désigne tous, une seule action leur est ouverte, l'action *pro socio* (1), enfin une même part échoit à chacun d'eux dans les bénéfices et dans les pertes, lorsqu'il n'en a pas été autrement convenu (29, D., h. t.) (2).

_____

(1) Cujas dit de l'action *pro socio* qu'elle est *ultro citroque directa*, op. post. t. v., p. 377.

(2) On sait qu'une grande controverse s'est élevée sur le point de savoir si l'on devait donner aux associés des parts viriles ou proportionnelles à leurs mises; elle peut être regardée aujourd'hui comme tranchée dans le sens de l'égalité absolue, mais dans notre ancien Droit nombre de jurisconsultes se prononçaient dans le sens de l'égalité proportionnelle. C'est même ce qui a motivé la disposition de l'article 1853, paragraphe 1, Code civil.

2° Œuvre de la bonne foi, le contrat de société se forme par le seul consentement des parties (1 pr., D., h. t.) Le dol n'y est pas admissible, non-seulement il vicie le contrat, mais il le réduit à néant : *ipso jure nullius momenti est* (3, § 3, D., h. t.) Bien plus, une volonté ambiguë n'y est elle-même pas reçue, et longtemps on a contesté la validité de toute société conditionnelle, par cette raison que la fraternité ne saurait être conditionnelle. Telle est, du moins suivant nous, la meilleure explication de la constitution 6, C., *pr. socio*, iv, 37. (Accarias, t. ii, p. 493).

3° Lorsqu'après la dissolution, il s'agit de régler les parts de chacun, la plus scrupuleuse bonne foi doit présider au partage. Dans le silence de la convention, chacun aura une part virile; si l'on est convenu de s'en rapporter à un arbitrage, l'un des associés peut être choisi comme arbitre (6, h. t.), mais sa décision doit de toute nécessité être conforme à l'équité, à peine de se voir réformée par le juge de l'action *pro socio* (79, D., h. t.). Dans le même esprit, la loi condamne sous le nom de société léonine, le pacte par lequel un associé serait tenu d'une part de pertes sans pouvoir participer aux gains (29, § 2, D., h. t.), et allant plus loin certains jurisconsultes, parmi lesquels Quintus-Mucius, refusaient tout effet à la société qui donnerait à l'un des parts inégales dans le gain et dans la perte; ou qui, admettant l'un des associés à participer aux gains, le dispenserait de supporter aucune part dans les pertes (§ 2, Inst., h. t.).

4° L'action *pro socio*, sanction des obligations des associés, les uns à l'égard des autres, obéissait à des règles toutes spéciales : deux surtout méritent d'être mentionnées.

A.) Elle admettait l'exception, *in id quod facere potest* ou bénéfice de compétence ; grâce à lui, l'associé ne pouvait être condamné que dans la limite de ses moyens ; il fut même admis depuis Justinien à opérer la *deductio ne egeat*, c'est-à-dire à garder devers lui une somme suffisante pour pourvoir à sa subsistance (63, D., h. t.). On sait les controverses qu'a fait naître l'opposition de ce texte avec la loi 16, D., *de re jud.*, XIII, 1., l'une étendant expressément l'exception à tout associé, l'autre l'accordant seulement à l'associé *totorum bonorum*. Quelle que soit la solution que l'on donne à cette difficulté, il n'en est pas moins acquis à notre matière α) que le bénéfice de compétence fut en principe restreint aux seules sociétés à titre universel, β) que dans le dernier état du droit, étant accordé *causâ cognitâ*, on le rencontrait plus fréquemment dans la société à titre universel que dans toute autre (1).

B.) Exceptionnellement douce pour la fortune du

---

(1) Il est bon de rappeler que l'antagonisme des lois 63, D. h. t., et 16 *de re jud.* XIII, a fait naître une vive controverse. Le système le plus suivi néglige la fin de la loi 16 *de re jud.* et l'attribue à la maladresse des glossateurs. Une seconde opinion entend ce texte comme visant spécialement les sociétés universelles, mais sans vouloir exclure les autres ; et enfin un troisième système attribue cette divergence à un changement d'opinion chez Ulpien (Pothier, *Pand.*).

condamné, l'action *pro socio* était par contre exceptionnellement sévère pour sa personne : le législateur avait pensé que le seul fait de se laisser condamner sur l'action *pro socio* lésait la bonne foi et
méritait un châtiment. L'infamie fut donc attachée à
la condamnation (*1 pr. de his qui not. inf.* III. 2).
Sans constituer une peine criminelle ni civile, l'infamie n'en était pas moins redoutable ; elle emportait
avec elle des déchéances considérables et perdait
à tout jamais l'*existimatio* du citoyen qui l'avait en-
courue. L'idée qui dicta cette sévérité se retrouve
dans la législation française ; sans doute l'associé
n'encourt plus de déchéance pour s'être laissé condamner, mais le négociant que sa négligence ou son
imprudence a amené à cesser ses payements, est
frappé de peines analogues à celles qui découlaient
de l'infamie, et cela, comme les associés anciens,
pour n'avoir pas ménagé avec assez de soin les intérêts de ses créanciers.

§ III. — Distinction de la société
d'avec l'indivision.

Il existe en droit certaines situations connues sous
le nom générique d'indivision et qui présentent avec
la société des points de ressemblance assez nombreux pour que l'on soit tenté de les prendre l'une
pour l'autre. Les apparences, en effet, sont les

mêmes; les copropriétaires comme les coassociés
ont un patrimoine commun qu'ils gèrent par eux-
mêmes ou par l'entremise d'un tiers; c'est ce qui
qui fait dire à Cicéron : « *Simillima et maxime
gemina socielas hereditatis est.* » Mais ces analogies
s'arrêtent à la surface; si l'on va au fond, l'on constate que ces deux situations sont toutes différentes.
La société est un état organisé en vue d'un but
donné, elle est la base sur laquelle doit s'édifier la
fortune des associés; l'indivision, au contraire, est
un résultat, une situation provisoire en attendant le
partage. De là, de nombreuses différences de détail,
parmi lesquelles celles-ci :

1o La société exige pour se former le consentement spécial des parties l'*affectio societatis* (31, D., h.
t.), l'indivision n'exige rien de semblable.

2o Les textes permettent expressément au communiste de se substituer quelqu'un dans l'indivision (6, § 1, D., Com. div., x, 3) : un pareil résultat
est inaccessible à l'associé (17, D., D, h. t.).

3o La mort du communiste laisse subsister l'indivision entre les autres copropriétaires et les héritiers
du défunt; la mort de l'associé dissout la société.

4o L'associé qui reçoit sa part dans une créance
commune, est obligé de la communiquer aux autres,
si le débiteur devient insolvable avant de les avoir
désintéressés (63, § 5, D., h. t.); en pareil cas, le
communiste ne serait au contraire tenu à rien (38,
D., *fam. ercisc.*, x, 2).

En un mot, la société et l'indivision obéissent à

des règles toutes différentes. Mais quelle que soit leur diversité, il est incontestable qu'elles présentent les mêmes dehors. Est-il permis d'en conclure (1), comme l'a fait l'auteur d'un travail récent sur notre sujet, qu'à l'origine du Droit romain elles aient été une seule et même chose, telle est la question que nous allons maintenant discuter.

M. Poisnel ne donne pas d'arguments directs à l'appui de sa manière de voir. Que la société universelle ait été autrefois la simple indivision existant entre cohéritiers, cela va de soi pour quiconque admet que les sociétés ont d'abord été taisibles en Droit romain. Nous ne suivrons pas l'auteur sur ce terrain, nous réservant d'examiner plus tard la question générale de savoir si les sociétés ont jamais pu se former tacitement en Droit romain. Mais à l'appui de la solution que nous avons rapportée plus haut, intervient une série d'arguments indirects, que rien ne nous empêche de discuter immédiatement. Ces arguments ont une base commune : ils consistent tous à montrer que les règles usitées en matière de société universelle conviennent également à l'indivision qui existe entre cohéritiers. En ce sens : 1° on dit que l'impossibilité d'une société conditionnelle vient de ce qu'on ne peut pas concevoir une propriété à la fois indivise et conditionnelle; 2° on fait remarquer que la possibilité de

---

(1) M. Poisnel, agrégé à Douai. Recherches sur les sociétés universelles chez les Romains. *Revue historique*, 1879, n°ˢ 5 et 6.

prendre un des associés comme arbitre du partage, provient de l'habitude qu'avaient les cohéritiers de confier à l'un d'eux la liquidation de la succession; 3° on invoque la généralité des mots *socius*, *societas*, qui s'appliquent à l'indivision comme à la société. De cette généralité il résulterait du reste que l'action *pro socio* a dû dans le principe être commune aux deux situations; 4° enfin, dans le même ordre d'idées, on fait observer que le constitut possessoire qui est sous entendu dans toute société universelle n'est que la consécration juridique de l'état qui existe en fait dans toute indivision, de même que le *jus fraternitatis* dérive des liens de parenté et d'affection qui relient entre eux les héritiers d'un même auteur.

Nous ne pouvons encore apprécier absolument la valeur de cette opinion. Certes, si les sociétés taisibles ont existé seules dans le principe, il y a une certaine probabilité pour qu'elles aient pris naissance dans l'indivision héréditaire et se soient longtemps continuées avec elle. Abstraction faite de cette question qui trouvera sa place plus loin, nous nous bornerons à remarquer pour le moment que les arguments employés pour justifier le système ci-dessus exposé sont purement imaginaires. Si, en effet, l'hypothèse mise en avant par le savant romaniste de Douai, explique d'une façon satisfaisante les diverses singularités que présente la théorie des sociétés, elle ne doit tirer de cela aucune force, car il existe beaucoup d'autres explications à ces mêmes solutions, et l'on s'accorde bien plutôt à voir dans le *jus fraterni-*

tatis, source de toutes les particularités de la société,
un effet des relations constantes qui unissent les associés qu'un dernier vestige des rapports entre cohéritiers. Bien plus, ces arguments eux-mêmes sont
quelquefois en opposition avec les textes.

Si, par exemple, l'action *pro socio* a d'abord,
comme le prétend M. Poisnel, été commune à la
société et à l'indivision, comment se fait-il qu'elle ne
comprenne pas le partage; de même, si l'action *familiæ erciscundæ* avait, comme il le soutient, été générale, les textes ne la resteindraient pas aux seules
choses héréditaires (2, 8, 9, etc., *fam. erc.*, D., X, 2).
Enfin, quelque ancienne qu'ait été la confusion précitée, elle aurait laissé quelques traces chez des jurisconsultes curieux de conserver tous les souvenirs
de leur ancien Droit : nous ne trouvons rien dans
les textes qui justifie cette proposition (1). Nous
croyons donc que sans rien préjuger sur l'existence
des sociétés taisibles en Droit romain, nous pouvons,
dès à présent, affirmer qu'il est fort improbable que la
société universelle ait été à sa naissance confondue
avec l'indivision entre cohéritiers.

---

(1) Ulpien dit, au contraire : « *Ut sit pro socio actio, societatem
intercedere oportet : nec enim sufficit rem esse communem nisi
societas intercedit.* (31, D., h. t.)

CHAPITRE II

Conditions essentielles à l'existence de la Société.

En tant que contrat consensuel, la société à titre universel est soumise, quant à sa formation, aux mêmes conditions de validité que tout autre pacte analogue. Mais, en outre, en tant que société, elle possède certains éléments spéciaux, obéit à certaines conditions particulières qui feront seules l'objet de ce chapitre.

Conformément au plan général que nous nous sommes tracé, nous envisagerons spécialement cette matière dans son application aux sociétés à titre universel.

La société a deux éléments spéciaux : le pacte d'association et l'obligation de l'apport; ils seront traités dans des sections différentes.

SECTION Ire.

DU CONSENTEMENT.

Le consentement joue, en matière de société, un double rôle ; il constitue à la fois l'élément général, nécessaire et suffisant à la formation du contrat consensuel, et un élément spécial au contrat de société ; c'est surtout sous ce dernier aspect qu'il convient de l'examiner. Nous étudierons successivement : 1º ses formes ; 2º les personnes dont il doit émaner ; 3º son objet ; 4º ses modalités ; 5º enfin, les vices qui peuvent l'affecter.

§ I. — FORMES.

Bien qu'il possède dans la société une influence prépondérante, le consentement n'y est, non plus qu'en aucun autre contrat consensuel, assujetti à aucune forme particulière de constatation. Le concours des volontés des contractants suffit à lui seul pour former le contrat, et Modestin ne contredit qu'en apparence cette doctrine, lorsque dans la loi 4, h. t., il enseigne que la société peut se former *aut re aut verbis aut per nuncium*. Ce texte ne signifie pas, en effet, qu'il faille pour s'associer employer des solennités quelconques ; loin d'être restrictif, il est au contraire extensif et déclare que le mode de constatation de la volonté des parties importe peu pourvu qu'elle soit certaine ; fût-elle tacite, la loi la considère comme suffisante. L'interprétation de la loi 4 précitée appelle deux remarques : 1° de ce qu'il y est dit que la société peut se contracter *re*, il ne faudrait pas conclure à l'existence de sociétés taisibles en Droit romain, car dans l'esprit de la loi la *res*, c'est-à-dire la communication des apports, ne constitue une société que comme manifestation extérieure de l'*affectio societatis*, c'est-à-dire de l'intention bien arrêtée qu'ont les parties de s'associer ; 2° le *nuncius* dont nous parle Modestin n'est point un mandataire à la personne duquel s'arrêteront, conformément aux principes romains, les conséquences des actes accomplis au nom du mandant, ce n'est qu'un simple instrument ou porte paroles qui engage directement la responsabilité de celui qui l'emploie.

Les règles sur la preuve des obligations ne sont pas venues à Rome, comme chez nous, paralyser en fait la toute-puissance que la loi reconnait en droit au consentement. La preuve était libre dans la loi romaine; toutefois les parties consignaient souvent leur traité dans un *instrumentum* destiné à le perpétuer. Dans ce cas, la société ne sera présumée formée et ne pro-

duira ses effets que du jour où l'écrit aura été dressé.
(17, C. *de fid.* iv, 21.)

§ II. — Personnes desquelles doit émaner le consentement.

La société obéit sur ce point aux règles générales
des contrats. Toute personne capable, pérégrin ou
citoyen, *sui juris* ou *alieni juris*, peut entrer en société. D'après ces principes : 1º l'esclave ne peut
entrer en société que comme mandataire naturel de
son maître et sur l'ordre de ce dernier; il n'est pas
admis à cause du caractère essentiellement personnel
de la société qu'il puisse l'engager sans sa volonté, ne
fût-ce que *de peculio* (arg., l. 19, D., h. t.); 2º le pu-
pille ne peut contracter société *sine tutoris auctoritate*.
S'il le fait, il ne sera pas tenu comme associé, il n'a
pu le devenir par sa seule volonté, il le sera en vertu
du quasi-contrat de gestion d'affaires : « *societate sine
tutoris auctoritate coita, pupillus non tenetur ; atta-
men communiter gesto tenetur.* » (33, D., h. t.). Quant
à la *tutelæ gestio* il n'en faut pas parler en une matière où chaque contractant doit être de la part de
son cocontractant l'objet d'un choix individuel (19,
D., h. t.).

La matière de la société universelle semble devoir
soulever à propos des personnes dont le consentement est requis une question spéciale. On verra

bientôt que la société universelle comprend dans le fonds social tout le patrimoine des associés, voire même les hérédités qui pourront leur advenir au cours de l'association (3, § 1er, D., h. t.); elle constitue donc un pacte sur succession future. Or, on sait que pareille stipulation est prohibée si l'on n'a le consentement de celui de la succession duquel il s'agit (§ 1er, D., *de her. vel act. vend.* xviii, 4; 30 C. *de pactis*, ii, 3.). Devra-t-on, par suite de cette interdiction, demander avant de contracter une société universelle, le consentement de ceux dont on est l'héritier présomptif?

Un grand nombre d'interprètes passent sous silence cette condition spéciale, indiquant par là qu'ils ne la croient pas nécessaire ; pour eux les principes de la société font exception aux règles ordinaires, et une société universelle n'est autre qu'un pacte sur succession future exceptionnellement permis.

En ce sens, on peut se prévaloir du silence de la loi 3, paragraphe 1er; ce texte décide que les successions font partie du fonds social; si cette destination était subordonnée au consentement du futur *de cujus* la loi l'aurait dit : nous ne pouvons suppléer à son silence. On peut ajouter que requérir le consentement de ceux dont on sera plus tard l'héritier serait absolument impraticable, car ces personnes, au moment de la formation de la société, sont le plus souvent inconnues.

Malgré ces raisons, nous croyons au contraire que l'associé devrait demander à ceux dont il était l'héritier présomptif leur consentement à la formation

de la société. En effet : 1° nous pensons que dans
le silence des textes il faut appliquer la règle et non
lui créer arbitrairement une exception; 2° il semble
d'autant plus difficile d'admettre que la loi 3, paragraphe 1er, h. t., déroge à la loi 1, *de her. vel act.
vend.*, que la prohibition édictée par ce dernier texte
est intimement liée à l'ordre public. Comment reconnaître qu'une simple convention d'association peut s'y
soustraire, alors que la loi dit formellement : *privato-
rum conventio juri publico nihil derogat;* 3° il serait
téméraire de nier les difficultés pratiques que soulève
ce système; cependant, pour être grandes, elles ne
sont pas insurmontables. L'associé satisfait à la loi en
demandant, lors de la formation du contrat, leur consentement à tous ceux dont il est à cette époque
l'héritier présomptif : si au cours de la société il devient habile à succéder à d'autres, il se mettra en
règle en leur demandant une ratification. Si les uns
ou les autres refusent leur consentement, nous appliquerons par analogie la loi 3, paragraphe 2, h. t., et
nous exclurons du fonds social les biens compris
dans leur succession. Tel nous semble devoir être le
fonctionnement de ce système qui mérite d'être présenté comme le plus probable, parce qu'il est le plus
conforme aux principes.

§ III. — Objet du consentement.

Le consentement des contractants doit présenter ce caractère spécial qu'il manifeste leur intention d'entrer en société. Cette intention, désignée par les commentateurs sous le nom *d'animus contrahendæ societatis*, reçoit des textes les dénominations *d'affectio societatis* et de *tractatus* (30, 31, h. t.) L'objet du consentement, c'est-à-dire l'*affectio societatis* est double, il comprend : 1° l'obligation d'effectuer l'apport ; 2° l'intention de faire un bénéfice.

A) *Obligation d'effectuer l'apport.* — On désigne sous le nom d'apport les valeurs mises en communs par les coassociés. L'apport soulève au point de vue de sa composition et de sa réalisation un grand nombre de questions importantes qui trouveront leur place dans la suite de cette étude. Pour le moment bornons-nous à poser en principe que l'obligation de faire un apport pèse nécessairement sur chacun des associés, et à nous demander ce qui arriverait si l'un des contractants était exceptionnellement dispensé de satisfaire à cette obligation. Cette question, très pratique et très importante pour les sociétés à titre particulier, présente un bien moindre intérêt dans notre matière. Dans une société à titre universel,

3

chaque associé, s'il n'apporte pas autre chose, met au moins en commun son industrie et par là fournit un apport : l'hypothèse contraire est cependant possible et comme telle doit être étudiée. Il est évident que l'association, source du droit au partage, constitue une libéralité à l'encontre de celui qui n'a fourni aucun apport. Cette libéralité est incompatible avec l'existence du contrat de société « *donationis causa societas recte non contrahitur.* » (Ulp., 5, § 2, h. t.). On peut tirer de là plusieurs conséquences dont la plupart sont du reste vérifiées par les textes : 1° inhabile à dissiper son patrimoine en libéralités, le mineur ne peut donc pas figurer dans un pareil pacte de société (16, § 1er, *de min.*, IV. 4) ; 2° cette société est défendue entre époux, (32, § 24, D., *de donat. int. vir. et ux.*, XXIV, 1) ; 3° elle est nulle alors même qu'elle aurait été faite indirectement sous la forme, par exemple, d'une donation *mortis causa* (35, § 5, D., *de mort. c. don.* XXXIX, 6) ; 4° on dut par suite appliquer à cette convention les règles de formes des donations ordinaires ; dans le droit classique elle subit l'application de la loi Cincia ; sous Justinien le simple pacte suffit pour la former, mais elle dut être insinuée toutes les fois que son objet excédait 500 solides ; 5° si pareille convention intervient entre deux personnes seulement, elle se résout en une donation et il n'y a point de société ; si, au contraire, elle est faite par un plus grand nombre de contractants, l'opération devra être dédoublée : à l'égard du gratifié elle constituera une donation, entre les autres intéressés une société.

B) *Intention de faire un bénéfice.* — Nous touchons
ici au caractère distinctif de toute société de biens :
les associés doivent s'être réunis dans l'intention de
faire un bénéfice. Ce critérium sert à distinguer les
sociétés de biens des sociétés de personnes : que plusieurs citoyens se réunissent pour former un *colle-
gium*, qu'ils mettent même leurs biens en commun
dans le but de faciliter la vie commune, si cette *communicatio* n'a pas été inspirée par l'idée d'un bénéfice à réaliser, il y a entre eux société de personnes, il n'y a pas société de biens. Il ne faut point
cependant s'exagérer cette nécessité d'un gain en
perspective, et deux remarques feront comprendre ce
que l'on doit entendre par cette expression :

1º Il n'est pas nécessaire que la société soit formée
dans un but de spéculation. La spéculation, c'est-à-
dire la production d'un bénéfice net, est l'âme des
sociétés commerciales et du plus grand nombre des sociétés civiles à titre particulier. (Voir cependant 52,
§§ 12 et 13, D., h. t.). Mais dans les sociétés à titre universel on ne la rencontre presque jamais. Lors, en effet,
que plusieurs personnes mettent en commun soit l'u-
niversalité de leurs biens soit leur seule industrie,
ils ne songent pas à s'enrichir : leurs intérêts dans la
société sont trop grands pour qu'ils puissent les compromettre dans des spéculations.

Le but le plus fréquent des contractants est, d'une
part, de diminuer les frais d'exploitation de leurs biens
en en formant une seule masse, d'autre part, d'arriver à une aisance plus grande par la vie commune.

2º Il importe de bien observer que ce qui est

essentiel à l'existence de la société. ce n'est point un bénéfice fait, mais bien un bénéfice à faire, l'expectative d'un gain, l'*animus lucri*. Ainsi, alors même que les affaires sociales tournant mal, les espérances des associés seraient complétement déçues ; alors même qu'au lieu d'augmenter leur aisance respective ils aboutiraient à une pauvreté plus dure, la société n'en existerait pas moins. S'il n'en était ainsi, l'existence de la société comme son succès, serait abandonnée aux caprices du hasard, ce qui est inadmissible.

De ce que la perspective d'un bénéfice est nécessaire à la validité de la société, résultent plusieurs conséquences : 1° La société léonine est nulle de droit. Par société léonine on entend celle où l'un des associés participerait aux pertes sans espérer aucune part dans les gains ; « *iniquissimum enim*, nous dit Ulpien, *genus societatis est, ex qua quis damnum non etiam lucrum spectet* (29, § 2, D., h.t.). Il faut observer qu'une société ne sera considérée comme léonine qu'autant que la réglementation prohibée des gains et des pertes aura été établie purement et simplement. Si elle était conditionnelle, la société serait valable comme contrat aléatoire ;

2° On a longtemps controversé à Rome la validité de la société dans les deux hypothèses suivantes : A) les associés prennent des parts inégales dans les gains et dans les pertes, B) il est dit qu'un associé participera aux gains tout en étant indemne des pertes. La valeur de pareilles sociétés a fini par être reconnue (§ 2, Inst., h. t., 29 pr. et § 1, D., h. t.), pour cette raison que l'inégalité entre les divers associés peut se justifier par la disproportion qui peut exister entre leurs apports. Observons à ce propos A) que la raison donnée par les textes à l'appui de cette validité n'est qu'énonciative, car la loi sanctionne l'inégalité dans les parts, alors même que les apports effectués sont égaux ; de là, un moyen pour les associés de se faire des libéralités indirectes (1), dispensées comme telles des formes des donations, mais soumises aux conditions de fonds qui les régissent (32, § 24, D., *de don.*, XXIV, 1) ; B) les gains et les pertes doivent s'entendre du résultat de la société, selon qu'elle se résout en un bénéfice ou une perte ; considérée dans son application à chaque opération en particulier, la convention validée tout à l'heure aboutirait à tourner la prohibition des sociétés léonines.

Il faut, pour qu'il y ait société, que l'on contracte en vue du bénéfice, mais cela ne suffit pas, il faut encore que le bénéfice, objet des opérations, réunisse trois qualités, qu'il soit commun, appréciable en argent et licite :

1° Le bénéfice doit être commun. Ce caractère est de l'essence de la société ; sans cette condition, il y aura contrat innommé, mais non société.

Les textes éclairent ce principe par des exemples : La construction d'un mur mitoyen peut être l'objet d'une société (52, § 13, D., h. t.), au contraire, le fait

_____

(1) Mülhenbruch. — *Doctrina Pandectarum,* § 419, *in fine.*

de se prêter mutuellement un bœuf pour faciliter la culture, constitue un contrat innommé (§ *Inst. de loc. cond.*, III, 24). De même, nous ne verrions pas une société dans le contrat de deux personnes qui conviendraient de mettre tous leurs biens en commun, de les cultiver ensemble, dans le but d'en jouir à tour de rôle ;

2° Il doit être appréciable en argent. Si le but que se proposent les associés n'est pas pécuniaire, ils peuvent former une association de personnes, mais non une société de biens. Sont donc en dehors des règles de notre titre les associations formées dans un but de plaisir, de philanthropie ou de dévotion (1).

3° Enfin, il doit être licite « *nulla societas malificiorum, nec communicatio justa damni ex maleficio.* » (1, § 14, D., *de tut.* XXVII, 3.) Par suite est nulle toute société dont le but est contraire aux lois ou aux bonnes mœurs. Si, par exemple, deux joueurs avaient formé une société d'acquêts restreinte aux profits qu'ils attendent du jeu, elle serait nulle, à moins que ce jeu ne soit un de ceux qui furent exceptionnellement autorisés par Justinien (3, C. III, 43), et que les enjeux ne dépassent pas le taux maximum déterminé par la constitution précitée.

De telles prohibitions sont fréquemment enfreintes ; aussi est-il intéressant d'examiner ce que deviennent les apports dans une société annulée comme

---

(1) Molitor. — *Obligations*, n° 643.

illicite. A cet égard, il faut distinguer. Si la société n'a pas fonctionné, chaque associé répétera son apport par la *condictio sine causa*, car une cause illicite est tenue pour inexistante (Arg., l. 5, D. *de cond. sine caus.*, xii, 7); si elle a fonctionné, les associés seront admis à reprendre leurs apports, mais non à partager les bénéfices, car leur demande serait de ce chef arrêtée par la règle, *nemo ex suo delicto meliorem suam conditionem facere potest* (1) (134, § 1, de R. J.).

§ IV. — Modalités du consentement.

« *Societas coiri potest vel in perpetuum id est duum vivant, vel ex tempore vel sub conditione.* » La société peut être contractée sous toute espèce de modalités, car elle dépend du seul consentement, lequel se plie naturellement à la volonté des parties. Nous n'avons sur les modalités du contrat de société que trois remarques à faire :

1° Les sociétés à titre universel impliquant une certaine communauté d'existence seront le plus souvent pures et simples;

---

(1) Molitor. — *Obligations*, n° 613.

2° On ne peut, en général, prolonger l'existence d'une société au delà de la mort de l'un quelconque des associés (1 et 70, D., h. t.). Cependant, il serait permis de convenir que le contrat ne se dissoudra pas au décès du prémourant, mais se continuera entre les associés survivants (65, § 9, D., h. t.) ;

3° La loi 1, pr., D., h. t., présente la société conditionnelle comme parfaitement régulière. Au contraire, la loi 6, c., IV, 37, nous révèle qu'une controverse avait existé sur sa validité, et l'on reconnaît généralement que le doute a dû porter principalement sur les sociétés universelles. Comment concilier ces deux textes? Un grand nombre de solutions ont été proposées. Cujas croit que cela tient à ce que la *communicatio* des mises devrait se réaliser par la mancipation, laquelle, comme *actus legitimus*, devait nécessairement être pure et simple. Ce régime ne tient pas compte de la règle *expressa nocent, non expressa non nocent*. D'autres croient que c'est parce que le *consensus* joue dans la société le rôle de *causa civilis*, qu'il exclut cette modalité. Mais, rien n'est moins certain que la base de cette opinion (1). Pour nous, nous voyons la raison de cette singularité dans le *jus fraternitatis* qui règne dans la so-

----

(1) Le dernier mot est resté dans cette question à M. Accarias qui a démontré, dans son ouvrage sur les contrats innommés, que le consentement ne pouvait être regardé comme la *causa civilis* d'un contrat consensuel (p. 7 et s.).

ciété ; on ne peut imaginer une confraternité conditionnelle (2).

§ V. — Vices du consentement.

Les vices du consentement produisent en matière
de société les mêmes effets qu'en tout autre contrat
consensuel ; ils ne mériteraient donc pas d'être mentionnés dans une étude spéciale si la loi 3, paragraphe
3, D., h. t., ne soulevait une difficulté particulière à la
société uuiverselle : « *Societas si dolo malo aut fraudandi causa coita sit, ipso jure nullius momenti est* »
(Paul). Comment concilier ce texte avec les principes
généraux du droit sur l'effet du dol ? On l'a essayé
de diverses manières. Aux yeux d'un premier système, de beaucoup le plus suivi, on doit prendre à la
lettre les expressions de la loi et déclarer que la

---

(2) Cette question a fait le tourment des interprètes anciens
et modernes. Il existe à ce propos plusieurs opinions autres que
celles que nous avons rapportées. Donneau rapporte cette
prohibition à la crainte qu'une société ne fût faite sous condition potestative. M. Demengeat allègue l'incertitude où se trou-
veraient les associés. M. Bufnoir pense que la condition ne
saurait être attachée à un contrat consensuel. Toutes ces raisons ne sont pas péremptoires.

société est radicalement nulle (1). Le doute n'est, en
effet, pas possible, les expressions de la loi sont formelles, son intention est évidente. Du reste, la solution donnée par la loi 3, paragraphe 3, s'explique
si l'on réfléchit que la bonne foi est un élément
essentiel du contrat de société, en l'absence duquel
il est nul de plein droit.

Une autre opinion attribue à une inadvertance de
Paul les expressions discutées et applique, nonobstant
le texte, les règles de la nullité relative : *deceptus
voluit socius sed voluit* (arg. 1. 21, § 5, IV. 2). Il n'y a
pas nullité absolue.

La solution donnée par ce dernier système nous
semble préférable, surtout en ce qu'elle est plus
conforme aux intérêts de l'associé victime du dol
qui sera libre de maintenir ou de faire tomber à son
gré le contrat : quant à son interprétation de la loi
3, nous la rejetons comme trop fantaisiste, mais il
nous semble possible de concilier le texte avec les
principes en admettant que la loi 3 vise l'hypothèse
où le dol est commun à tous les associés, et où la
société est radicalement nulle comme contractée
dans un but illicite.

---

(1) Les noms de Pothier chez les anciens, d'Accarias chez les
modernes, sont venus sanctionner cette opinion. Cujas (t. v,
p. 480) la partage ; il va même plus loin et décide qu'une société
par ce seul fait qu'elle cause un grave préjudice à un associé
doit être réputée faite *fraudandi causâ*.

SECTION II.

DE L'APPORT.

Nous ne traiterons dans cette section que des biens qui composent l'apport, soit actif soit passif, des associés dans les sociétés à titre universel, nous réservant de parler au début du chapitre suivant, du mode de réalisation de l'apport.

§ I. — SOCIÉTÉS UNIVERSELLES.

A) *Actif.*—La société universelle de biens comprend, comme son nom l'indique du reste, tous les biens des associés : « *omnes res quæ coeuntium sunt, continuo communicantur.* Par suite, nous ferons rentrer dans le fonds social, soit les biens acquis par les associés à titre onéreux, les acquêts, soit les biens qui leur échoient à titre gratuit, par succession ou donation (1)

---

(1) Au contraire le Code civil défend (1837, § 2) de comprendre dans une stipulation de société la propriété des biens qui pourront échoir aux associés par voie de succession, donation ou legs.

(3, § 1, D., h. t.), soit les biens présents, soit les biens avenirs, soit les biens corporels, soit les biens incorporels (3 pr. D., h. t.). L'associé doit même communiquer à ses cocontractants le profit pécuniaire retiré de l'exercice d'une action pénale qu'il aurait intentée en son nom ou au nom d'une personne soumise à sa puissance (52, § 16, D., h. t.), ainsi les condamnations obtenues sur l'exercice de l'*actio injuriarum* ou de l'*actio legis Aquiliæ*.

Par exception on doit soustraire à la *communicatio* et regarder comme propres aux associés :

1° Les biens qu'ils auraient par une convention spéciale exclus de la société (3, § 2, D., h. t.). On sait que nous leur assimilons les hérédités qui restent en dehors de la société par suite du refus du futur *de cujus* d'adhérer à la formation du contrat.

2° Les droits incessibles par leur nature ou par la volonté de la loi. On peut citer comme exemples le droit d'usage (§ 1, Inst. *de us. et hab.*) et les droits déduits en justice.

3° Les biens qui proviennent de délits. Pareils bénéfices doivent nécessairement rester en dehors de la société à peine de nullité du contrat (52, § 17.) Si toutefois, en fait, le gain frauduleux avait été mis en commun, l'associé auteur du délit ne serait pas admis à le répéter; la loi (53, D., h. t.) le décide expressément : « *plane si in medium collata sit, commune erit lucrum.*

4° La dot. Sans doute la dot entre en principe

dans le fonds commun (1); cependant elle mérite d'être citée parmi les exceptions, car elle y entre *cum suâ causâ*, c'est-à-dire avec les causes de restitution qui l'affectent. Dès lors les associés n'ont sur elle qu'une propriété résoluble suivant les hypothèses.

Si le mariage se dissout pendant le cours de la société et que la dot soit restituable, le mari pourra la prélever pour la rendre (65, § 16, D., h. t.); si elle n'est pas restituable, elle est définitivement acquise à la société; si elle n'est restituable qu'après un certain délai, la société jouira de ce délai.

Supposons, à l'inverse, que la société soit dissoute et que le mariage de l'associé lui survive. Le mari prélévera la dot dans tous les cas, car c'est sur lui que retombent désormais les charges du ménage, et la dot est destinée à lui aider à les supporter. Si, à la dissolution du mariage, la restitution de la dot n'est pas exigée, le mari devra la communiquer à ses anciens associés (arg. 1. 66, D., h. t.) et le juge de l'action *pro socio* pourra par avance le contraindre au moyen de cautions à s'obliger à l'exécution de cette restitution éventuelle (arg. 1. 38, D., h. t.) Ajoutons, enfin, que si, lors de la dissolution de la société, il est certain qu'une partie de la dot échappera à la restitution, le mari ne pourra la prélever (66, D., h. t.)

---

1) Même après la prohibition de la loi Julia on a admis que le fonds dotal tombait en commun, car sa *communicatio* constituait une aliénation nécessaire.

B) *Passif*. — Il existe entre le passif et l'actif de toute société une corrélation nécessaire. Lorsqu'une certaine nature de biens est destinée à entrer dans le fonds social, la masse des dettes qui se rapportent à ces biens et en peuvent être considérées comme la charge doit être supportée en commun. Conformément à ce principe général, la société universelle comprend toutes les dettes des associés, quelle que soit leur nature, la date de leur origine ou de leur exigibilité. Tel est l'objet de la loi 27, D., h. t. Interprétant judaïqvement les termes employés par ce texte, certains commentateurs se sont basés sur l'expression « *manente societate* » qu'il contient, pour enseigner que les dettes contractées par les associés antérieurement à la constitution de la société leur restent propres. Ce système viole la corrélation nécessaire qui existe entre l'actif et le passif, aussi est-il fort peu suivi, et on préfère prendre les termes de la loi 27 dans un sens absolument général. De là il suit que tout associé poursuivi par un créancier devra mettre en cause ses coassociés et les obligera par l'action *pro socio* à désintéresser le demandeur avec les fonds communs. De même, à la dissolution, l'associé prélévera la somme des dettes dont il est tenu et qui doivent, après expiration du terme, arriver à échéance. Pour les dettes conditionnelles, la question se complique un peu. Si, au moment de la dissolution la condition est encore en suspens, aucun prélèvement n'est autorisé au profit du débiteur éventuel, mais pour l'assurer contre l'insolvabilité possible de ses coassociés, le juge force ces derniers à lui garantir le paiement de leur part dans la dette, si l'événement qui tient en suspens le droit du créancier vient à se réaliser (27, in f. 38, D., h. t.).

Non-seulement la société universelle est tenue de payer toutes les dettes des associés, mais elle doit pourvoir à leurs besoins, à leurs dépenses d'entretien, en tant qu'elles sont proportionnées à leur position sociale, ainsi aux frais d'éducation des enfants (73, D., h. t.), à leur établissement. Sont exceptées de cette destination commune et restent propres aux associés débiteurs les dettes provenant de causes illicites, condamnations pour délits privés et publics (56, h. t.) (52, § 18, D., h. t.), pertes de jeu (59, § 1er, D., h. t.) etc. Les peines en effet sont personnelles, il serait inique de les faire supporter même pour partie par des innocents.

Toutefois il en serait autrement et les condamnations deviendraient communes : 1° si la société avait retiré le profit du délit (54, D., h. t.); 2° si le *socius* avait été condamné *injuria judicis* (52, § 18, D., h. t.) Cette dernière exception doit s'entendre du juge qui ayant été condamné pour avoir mal jugé à des dommages envers l'associé est devenu insolvable : la perte résultant de son insolvabilité se répartit entre les divers associés.

§ II. — Société de tous gains.

A) *Actif.* — « *Coiri societatem et simpliciter licet :
et si non fuerit distinctum, videtur coita esse universorum quœ ex quœstu veniunt, id est si quod lucrum ex
emptione venditione locatione conductione descendit.
— Quœstus enim intelligitur qui ex opera cujusque
descendit.* » (7 et 8, D., h. t.) Il ressort de ces deux
lois que deux éléments concourent à la formation de
l'actif d'une société *omnium quœstuum* : 1° Le profit
que les associés peuvent retirer d'opérations juridiques par eux conclues, telles que ventes, louages,
etc. ; 2° le produit de l'industrie des associés. A cette
énumération il suffit d'ajouter ; 3° les fruits des biens
propres des associés, pour arriver à la composition
de l'actif d'une société d'acquêts (1). Nous allons reprendre dans l'ordre inverse, ces divers éléments.

1° *Fruits des biens propres des associés.* — Ils constituent souvent la part la plus importante de l'actif
social. Si la loi romaine fait tomber dans l'actif social
d'une société *omnium quœstuum* les fruits des biens
restés propres aux époux, c'est pour une double rai-

_____

(1) Dans le droit actuel la société universelle de gains comprend de plus la propriété des meubles appartenant aux associés au moment du contrat (1838).

son. D'abord ces fruits représentent un gain, un *quæstus* dû sans doute moins au travail de l'associé qu'à son droit de propriété, mais qui ne doit pas pour cela être considéré comme acquis à titre gratuit et partant exclu du fonds social. De plus les fruits sont toujours, pour une part au moins, le produit de l'industrie de l'associé, et, à ce titre, ils sont sociaux. Enfin, le but principal de la société d'acquêts est, pour les contractants, de mettre en commun leur travail, leurs dépenses : comment ces dernières tombant en commun, les fruits des propres qui en sont comme l'équivalent naturel n'y tomberaient-ils pas aussi? Du reste, bien que l'on puisse s'étonner du silence de notre titre à cet égard, nous trouvons ailleurs des passages où les jurisconsultes mentionnent les fruits des propres comme tombant en société « *sed in societatibus*, nous dit Paul, *fructus communicandi sunt.* » (38, § 9, *de us.*, xxii, 1.)

On doit entendre par fruits les produits qui renaissent périodiquement sans altérer pour cela la substance de la chose : *res quæ nasci et renasci solent.* Ce sont eux que la société usufruitière de la fortune propre des époux pourra recueillir. Aussi est-ce les règles posées pour l'usufruit qui doivent déterminer quels produits tombent en société, quels autres en sont exclus, à quel moment commence la jouissance et à quel moment elle cesse, quelles sont les charges qui incombent à la société comme usufruitière des biens des époux.

2° *Produits de l'industrie des associés.* — La formule sous laquelle on désigne ce second élément de

la société de tous gains est trop vague, car on peut
dire que tous les biens entrant dans l'actif social
sont le produit de l'industrie des époux. On peut
même ajouter que c'est uniquement en cette qualité
qu'ils sont sociaux, car, dans une pareille association,
les contractants n'ont d'autre but que de mettre en
commun leur industrie. Aussi, doit-on prendre ici
dans un sens restreint cette expression et l'entendre
comme embrassant les profits directs et immédiats
de l'industrie des associés, de leur profession, de leur
travail et de leur *ménagerie*, selon l'expression de
nos anciens juristes. Ainsi rentreront, à ce titre,
dans l'actif social, les profits de l'industriel, les ap-
pointements du fonctionnaire et même la solde du
militaire, comme le fait remarquer Denys Godefroy
sur la loi 8, h. t. De même deviendront communs les
bénéfices négatifs, c'est-à-dire ceux qui consistent
dans une diminution de dépenses due à l'économie
et à l'industrie des associés. Enfin, il faut remarquer
qu'il n'est pas nécessaire que le seul travail soit la
cause du profit, et qu'alors même qu'il entrerait dans
le bénéfice réalisé un élément aléatoire, il devrait
être commun. Cette qualité doit être attribuée au trésor
acquis à un associé *jure inventionis*. Cette solution,
qui est certaine pour le cas où l'associé ferait le métier
de chercheur de trésor, peut paraître plus douteuse
pour l'hypothèse où le seul hasard est l'auteur de la
découverte. Même dans ce cas, nous croyons devoir
la maintenir; en effet, d'une part, nulle libéralité
n'est intervenue dans l'attribution de ce trésor à
l'associé; de l'autre, quelque faible que soit la part

de l'industrie dans la découverte , elle existe cependant et, par le fait , suffit pour faire du trésor un acquêt.

3° *Acquisitions à titre onéreux réalisées par les associés.* — Ces acquisitions tombent en commun pour deux motifs : 1° le plus souvent elles sont la suite de l'industrie des associés , un placement des capitaux économisés sur les revenus de leurs biens ou les produits de leur industrie ; 2° dans tous les cas, l'acquisition couvre une spéculation dont les résultats doivent être communs. Sur ce dernier élément de l'actif social, deux remarques sont à faire : 1° il comprend même les biens qui auraient été acquis au moyen de deniers propres aux époux, si ces biens ne sont pas, du reste, réellement subrogés aux deniers (9, § 3, D. *de jur. dot.* xxiii, 3, 54, cod. tit.); 2° chaque fois que la société acquerra un bien aux dépens d'un propre , l'associé auquel il appartient aura, par le fait même, des droits contre ses coassociés, droits qu'il fera valoir à la dissolution.

B. *Passif.* — La corrélation du passif de la société d'acquêts à son actif est une application du grand principe qui domine toute notre matière. De même que le fonds commun profite des produits du travail et de l'industrie des associés, de même il doit supporter les dettes qui, ayant leur cause dans cette industrie, sont comme une condition opposée à la naissance des biens qui constituent son actif. Cette règle générale, que la logique commande, se trouve formellement exprimée dans les textes : « *Sed nec*

*æs alienum nisi quod ex quæstu pendebit veniet in
rationem societatis,* » dit Paul, dans la loi 12, h. t.,
en parlant de la société de tous gains. Cette proposition n'est, du reste, que l'application d'un principe
plus général que nous rencontrons posé dans la
loi 27, D., h. t., par le même jurisconsulte : « *Omne
æs alienum, quod manente societate, contractum est
de communi solvendum est, licet posteáquam societas
distracta est solutum sit.* » Par suite de ces règles,
nous ferons rentrer dans le passif de la société
omnium quæstuum les obligations nécessitées par
l'acquisition du *quæstus*, et nous en distinguerons
quatre espèces : 1º Font partie de la société les frais
de culture des biens des époux, main-d'œuvre,
loyers, paiement des impôts directs pour les terres
situées dans les provinces (1), des impôts indirects
pesant sur le commerce (2), et, en général, toutes
les charges usufructuaires. Ainsi A) la société, de même
qu'elle touche les intérêts des capitaux appartenant
aux associés, doit aussi supporter la charge de leurs
dettes; B) elle n'aurait droit à aucune indemnité

---

(1) Les propriétés provinciales étaient soumises à un impôt
direct, conséquence du domaine éminent que se réservait le
peuple romain sur les pays conquis. Il prenait, selon les provinces, les noms de *stipendium*, *tributum* ou *vectigal*, et était
perçu en général par les publicains.

(2) Le commerce était frappé, à Rome, de divers impôts sur les
marchandises, droit sur l'importation et l'exportation (*porto-
rium*), droit proportionnel sur les ventes (*venalitium*), droit
sur l'exploitation des mines et des carrières. Ils étaient également perçus par les publicains.

pour l'aliénation de l'usufruit d'un bien appartenant
à un associé, si cette aliénation avait eu lieu avant
sa formation;

2° On doit ensuite faire tomber en commun les
charges qu'entraîne le fonctionnement de l'industrie
des associés, et parmi elles il faut compter au premier
rang les frais d'entretien des associés, de leurs ménages, les frais d'éducation de leurs enfants (73, D.,
h. t.) en tant que tous ces frais sont proportionnés à
leur position sociale. En effet, ces dépenses ne sont
légitimes, ne doivent être tenues pour sociales qu'autant qu'elles s'acquitteraient sur les revenus et le
produit du travail des associés, s'ils n'étaient devenus
communs. Pour tout ce qui excède cette limite, de
pareils frais doivent s'imputer sur le capital et par
suite, rester propres à l'époux qui les a faits. Quant
aux dépenses occasionnées par l'établissement des
enfants par mariage ou autrement, on ne peut les
mettre à la charge de la société de tous gains, comme
on le fait pour la société universelle, ce sont, en effet,
les obligations qui s'imputent non sur les revenus,
mais sur le capital. Par application de ces principes
on doit décider par *à contrario* de la loi 73, D., h. t.,
que les dépenses souvent considérables de jeux,
spectacles, *missilia*, faites par un père associé de
tous gains à l'occasion de la promotion de son fils à
une magistrature, resteraient à la charge personnelle
du père de famille.

3° Enfin, rentreront en commun les frais occasionnés par les acquisitions à titre onéreux, conclues
par les associés au cours de la société. Ce n'est que

justice, on ne pourrait faire payer à l'un ce dont l'autre doit profiter.

4° Par une dernière corrélation entre l'actif et le passif de la société, nous déciderons que tous les frais occasionnés soit par la formation du contrat, sa constatation par un acte public, dressé par un *tabellarius* par exemple, et tous ceux qui sont la conséquence de la dissolution de la société et de sa liquidation, ainsi les honoraires de l'arbitre chargé de déterminer les parts de chacun, restent à la charge de la société.

CHAPITRE III

Fonctionnement de la Société.

Sous ce titre général, nous rangeons la vie et la mort de la société, les règles relatives aux effets du contrat et à sa dissolution. Pareille méthode serait injustifiable si nous avions à traiter de la société en général, car elle aboutirait à réunir dans une même division lés parties les plus importantes d'une telle étude, mais la société à titre universel présente, soit quant à ses effets, soit quant à sa dissolution, peu de particularités, et nous manquerions au plan que nous nous sommes proposé, si nous ne passions légèrement sur les règles générales, quelque importantes qu'elles puissent être, pour traiter plus sérieusement les points spéciaux à notre sujet.

SECTION Ire.

EFFETS DE LA SOCIÉTÉ.

Toute société se présente pendant son fonctionnement sous deux aspects bien distincts. Elle implique le jeu de deux séries d'intérêts qu'il faut examiner successivement.

Comme collectivité d'individus poursuivant un même but, elle forme une sorte de personne juridique traitant avec les tiers par l'intermédiaire de ses membres et, bien qu'en l'absence d'une autorisation législative elle ne constitue pas en droit une personne morale (1 pr., D., *quod un.*, 111, 4.) en fait, elle est comme une personne séparée, poursuivant un but unique à l'aide d'une série d'opérations. A côté des rapports juridiques engendrés par les travaux de la société se placent les liens qui relient les associés entre eux. C'est en commençant par ce dernier point que nous étudierons successivement les effets de la société sous leur double aspect.

§ Ier. — Rapports des associés entre eux.

Voyons leurs obligations et leurs droits.

A. *Obligations.* — Les associés se doivent les uns aux autres de réaliser leurs apports, de communiquer les bénéfices réalisés et de s'abstenir de toute faute dans la gestion des affaires sociales.

I. *Réalisation de l'apport.* — On a vu, au chapitre précédent, de quels éléments se composent l'apport de l'associé *totorum bonorum* ou *omnium quœstuum.* Reste à étudier maintenant par quels procédés les associés arrivent à réaliser cet apport, c'est-à-dire à mettre en commun les valeurs qui doivent constituer le fonds social. Il convient de distinguer à ce point de vue, suivant la nature de l'apport, et de passer en revue les apports en propriété, en créances, en jouissance et en industrie.

L'apport en propriété est spécial aux sociétés universelles, et l'on sait que pour elles, il s'applique à l'universalité des biens corporels des contractants. Pour les réaliser, il n'est besoin d'employer aucun des modes translatifs de propriété, auxquels la législation romaine se montra cependant si attachée : le seul consentement des associés suffit pour mettre en commun leurs droits de propriété, « *in societate omnium bonorum*, nous dit Paul, dans la loi 1, § 2, h. t.,

res quæ cocuntium sunt, continuo communican-
tur (1). » La raison de cette règle, qui paraît
tout d'abord normale, nous est donnée par Gaïus,
dans la loi suivante : « *quia, licet specialiter traditio*
non interveniat tacita tamen creditur intervenire. »
Il y a donc là une tradition simulée, et la présomption de la loi 1, § 2, n'est qu'une application des
principes généraux. On sait, en effet, que les deux
éléments qui constituent la *possessio civilis*, l'un,
l'*animus*, est essentiellement personnel et ne saurait,
sauf de rares exceptions, résider ailleurs qu'en la
personne du possesseur ; l'autre, au contraire, l'élément matériel, *le corpus*, peut s'acquérir par mandataire. (Paul, l. V, t. II, § 1.) De là, la possibilité
d'acquérir la propriété *per extraneam personam* au
moyen de la tradition ; de là aussi, la faculté d'abdi-
quer la propriété sans se dessaisir de la chose en
consentant à la détenir dorénavant pour le compte
d'autrui : cette opération a reçu des jurisconsultes
le nom bizarre de constitut possessoire (2). La loi
présume entre les associés *totorum bonorum* un
constitut possessoire tacite en vertu duquel ils s'engagent en contractant à détenir à l'avenir leurs biens
pour le compte de la société. Cette remarque n'est

---

(1) Il existe sur ce texte une opinion spéciale due à M. de
Fresquet.

(2) Ces traditions feintes ont reçu dans l'ancien Droit une
grande extension. Le fait a fini par prévaloir sur le Droit et a
introduit dans notre législation actuelle le principe du transfert
de la propriété par le seul consentement (art. 1138, C. c.).

point inutile, car la règle que nous étudions, n'étant point exceptionnelle, on doit en déduire deux conséquences :

1º Que cette *communication* instantanée ne dut, jusqu'à Justinien, produire un plein effet qu'à l'égard des *res nec mancipi;* pour les *res mancipi* le constitut possessoire ne pouvait en communiquer que la propriété bonitaire (1). Toutefois, cette proposition peut être mise en doute à cause du silence absolu des textes du Digeste. Si l'on admettait, par suite, l'absence de toute distinction, la loi 1, paragraphe 2, constituerait par rapport aux *res mancipi* une véritable exception aux principes généraux ;

2º Les associés doivent connaître au moment du contrat la composition respective de leurs patrimoines pour avoir l'*aninus sibi habendi* qui constitue l'élément personnel dans le constitut possessoire. On ne saurait douter que cette condition ne fût exigée, car elle est vérifiée par les lois 73, 74, D., h. t., qui décident que la communication tacite ne s'applique pas aux biens à venir des associés, ce qui ne peut s'expliquer que par cette raison, qu'à l'époque où les consentements ont été échangés, nul ne pouvait prévoir exactement l'acquisition de ces biens. Passons à la *communicatio* des créances : « *ex quæ in nominibus erunt, manent in suo statu, sed actiones invicem præstare debent.* » (L. 3, D., h. t.). Ici, nous

---

(1) Ortolan, t. III, page 308.

rencontrons l'application d'un principe spécial au Droit romain. Les créances étaient alors considérées comme un rapport essentiellement personnel, incessible par conséquent. De là, nécessité d'arriver à la communication des avantages de créance par des moyens détournés. Paul en indique un, la *procuratio in rem suam*. Les associés se donnaient réciproquement mandat de poursuivre l'exécution de l'obligation, et en se dispensant de rendre compte, ils permettaient la mise en commun immédiate du bénéfice retiré. Ce procédé, pour avoir été le plus usité, n'était cependant pas seul. Il en existe deux autres. D'abord, l'associé créancier peut poursuivre lui-même son débiteur et verser dans la caisse commune les sommes qu'il a touchées. Ensuite, on peut nover la dette en substituant aux créanciers uniques tous les associés.

Si, à cette novation, on adjoint une clause de corréalité, le but des associés sera atteint : l'un, quelconque d'entre eux, pourra exercer tous les droits du créancier et cet exercice libérera le débiteur. Allant plus loin, il nous paraît probable de conjecturer que cette hypothèse est précisément celle où l'on découvre l'utilité si problématique de la corréalité et où devaient, par suite, se rencontrer le plus d'applications de cette modalité. Inversement, la novation des dettes de l'associé avec stipulation de corréalité passive présente les mêmes avantages et, par suite, les mêmes applications.

L'apport de l'associé consiste très souvent en jouissance ; dans la société *omnium quæstuum*, il ne peut même revêtir que cette forme. Sa réalisation consis-

tera à mettre les associés à même d'exercer les actes
de jouissance, c'est-à-dire d'user de la chose et d'en
percevoir les fruits. Au cas où la jouissance porte sur
une créance, c'est par des cessions d'actions que l'on
arrivera à en faire toucher les revenus par la société.
On voit que la réalisation de l'apport en jouissance
consiste plutôt à laisser faire qu'à agir. Observons en
passant que, pour quelques biens, le droit d'usage
par exemple, la mise en commun de la jouissance
est impossible. *(§ 5, Inst. de usu et hab.)* Enfin,
l'industrie des associés est l'apport obligé de tout associé dans une société à titre universel. Sa réalisation sera plus simple encore et consistera à accomplir les actes par lesquels se manifeste extérieure-
ment cette industrie, à peine d'être condamné à des
dommages sur l'action *pro socio*.

Pour en finir avec la théorie de l'apport, nous allons
traiter de deux questions accessoires, celle de la
garantie et celle des risques.

Dans les sociétés à titre particulier, l'associé est
tenu *jure societatis* à fournir la garantie de son apport. Si donc il a livré la chose d'autrui, il doit in-
demniser ses associés du tort que leur cause l'éviction. Au contraire, dans les sociétés à titre universel,
la garantie n'existe pas (1). On le reconnaît générale-
lement et avec raison : les associés, en effet, ne s'engagent pas à mettre en commun tel ou tel objet en
particulier; ils apportent chacun leur patrimoine en

---

(1) Molitor, t. ii, page 34; Accarias, t. ii, page 503.

propriété ou en jouissance seulement, selon le genre
de leur association ; les évictions peuvent bien diminuer la valeur de l'apport, elles ne peuvent le détruire et n'ont qu'un effet, démontrer qu'il était
moins considérable qu'on ne s'y était attendu. Cependant, il faut observer que si un associé avait déterminé les autres à contracter, en exagérant frauduleu-
sement le montant de ses biens, l'éviction ultérieure
pourrait avoir pour effet de faire considérer la société
comme nulle, à cause du dol qui a présidé à sa formation. (3, § 3, D., h. t.)

Les contractants, dans une société particulière
doivent aussi la garantie pour vices cachés, conformément aux règles générales (arg. l. 18 *de œd.*,
XXI, 1). Cette seconde obligation n'a pas plus que
les précédentes, et pour les mêmes motifs, sa raison
d'être en notre matière. Toutefois, si en se révélant
au cours de la société, les vices inconnus au moment du contrat rendaient impossible la réalisation
du résultat en vue, l'association s'éteindrait *ex re*
(63, § 10). Ainsi, dans une société de tous gains, l'industrie d'un associé est indispensable au fonctionnement de l'administration : or, il se trouve atteint au
moment du contrat d'une infirmité qui l'empêche de
l'exercer ; la découverte de ce vice caché amènera
fatalement la dissolution de la société.

Il est peu de questions aussi compliquées que celle
des risques de l'apport dans les sociétés particulières.
Ici encore, aucune difficulté ne se présente, car une
seule solution régit tous les cas : dans la société
universelle les risques sont pour la société ; dans la

société de tous gains ils sont pour l'associé (1). Ceci provient de ce que le fonds commun dans les premières absorbe tout le patrimoine de l'individu : il doit donc en recueillir les profits et les pertes ; par contre, dans les secondes, la jouissance seule est mise en commun : l'associé se réserve la propriété et par suite la charge des cas fortuits qui la diminuent ou l'anéantissent. Ceci dit pour les corps certains non estimés ; quant aux choses de genre ou aux objets estimés, il est bien évident que la société, en acquérant en tout cas la propriété, doit toujours en supporter les risques.

II. — *Communication des bénéfices réalisés.* — En règle générale, l'associé doit mettre en commun tout bénéfice qui a sa source dans une opération sociale. (38, § 1, D., h. t.) De là deux conséquences :

1º Il n'y a pas lieu d'appliquer la distinction faite par les textes (67, § 1, D., h. t.) et attribuer les produits d'une opération à celui qui en a pris sur lui les risques. En notre matière, quelle que soit la qualification donnée par l'associé à son acte, il n'en est pas moins commun.

---

(1) Cette proposition doit être entendue distributivement. Lors de la dissolution, l'associé ne pourra réclamer la valeur des choses péries par cas fortuit. Mais on doit observer en même temps que la société étant universelle de gains, les risques de la jouissance sont pour la société, c'est-à-dire que la diminution de jouissance, conséquence de la perte par cas fortuit, laisse intacts les droits de l'associé qui a apporté la chose périe.

2º L'obligation de communiquer les bénéfices réalisés est sanctionnée par des dommages auxquels l'associé sera condamné envers la société. Ainsi : 1º celui qui s'est laissé mettre en demeure, doit jusqu'à la restitution du capital des intérêts moratoires en vertu des principes généraux : « *in bonœ fidei contractibus ex morâ usurœ debentur* » (32, § 2, *de us.*, XXII. 2); 2º celui qui aurait employé des valeurs communes à son usage personnel, en doit les intérêts légaux « *socius si ideo condemnandus erit , quod pecuniam communem invaserit, vel in suos usus converterit, omnimodo, etiam morâ non interveniente, prœstabuntur usurœ* » (1, § 1, *de us.*). Comment concilier ces règles générales avec un texte spécial à notre titre, la loi 60 *pro socio*? « *Socius qui in eo, quod ex societate lucri faceret, reddendo moram adhibuit, cum eâ pecuniâ ipse usus sit, usuras quoque prœstare debere , Labeo ait, sed non quasi usuras, sed quod socii intersit moram eum non adhibuisse : sed si aut usus eâ pecuniâ non sit, aut moram non fecerit, contrâ esse.* » (*Pomponius*). Cette antinomie a soulevé une vive controverse. En effet, au premier abord il semble que, d'après la loi précitée, la réunion de deux conditions est nécessaire pour que l'associé soit condamné à des dommages intérêts; il doit : 1º avoir été mis en demeure; 2º s'être servi des capitaux sociaux pour son propre usage. Cette interprétation est celle de Glück. (*Doctr. Pand.*, XV, nº 444.) Elle a pour elle, outre le sens littéral de la loi 60, l'adage, « *lex generalis speciali non derogat.* » De plus, elle peut invoquer en sa faveur la loi 67,

paragraphe 1, h. t. Ce texte prononce que l'associé
ne doit les intérêts des fonds sociaux placés par lui,
qu'autant que la société supporte les risques, c'est-
à-dire que le placement a été fait au nom de la
société : puisque la société fait sur ce point exception aux règles générales, qu'y a-t-il d'étonnant à ce
qu'elle y déroge encore, exigeant le cumul de deux
conditions pour grever l'associé prêteur de dommages intérêts ?

Cette opinion a été universellement rejetée comme
contraire aux lois 1, paragraphe 1, et 32, paragraphe
2, *de us.*, précitées. Au lieu de regarder le texte de
la loi comme limitatif, la plupart des romanistes (Cujas, *obs.*, ch. xiii, n° 8; Pothier., *Pand.*, vi, p. 531,
n° 44), le considérant comme explicatif, attribuent
conformément à la loi 32, paragraphe 2, *de us.*, à la
demeure seule le pouvoir de faire produire des intérêts. Cette explication présente l'avantage de s'accorder avec les principes généraux; par contre elle ne
cadre pas avec la construction grammaticale du commencement de la phrase. Si Pomponius avait voulu
prendre comme simple exemple le cas où l'un des
associés s'est servi de l'argent commun, il aurait
écrit « *cum eâ pecuniâ ipse usus est*, et non *usus
sit.* » De même, la fin de la phrase n'aurait pas sa
raison d'être, et il faudrait, comme on l'a proposé,
substituer à la phrase : *aut usus eâ pecuniâ non sit
aut moram non fecerit* » la correction « *cum usus
eâ pecuniâ non sit, moram non fecerit.* »

**Nous croyons que l'on peut éviter toute correction
et concilier en même temps le texte avec les prin-**

5

cipes généraux. Pour cela il faut admettre avec le premier système que la loi 60 contient une disposition exceptionnelle, mais seulement en ce qui regarde le taux des dommages. Qu'un associé se serve des fonds communs ou qu'il se laisse mettre en demeure, que doit-il? *Usuras*, c'est-à-dire les intérêts usuels (1 pr. *de us.*) de la somme dont il est redevable envers la société. Qu'il réunisse ces deux conditions il doit cette fois des dommages-intérêts égaux à tout le préjudice causé. Cette loi donc nous paraît contenir une sanction plus sévère envers l'associé qui a commis au point de vue du *jus fraternitatis* une faute grave en se servant des fonds sociaux et en retardant leur restitution. Notre interprétation s'adapte parfaitement aux termes de la fin du texte : que l'une ou l'autre de ces conditions fasse défaut les règles générales reprennent leur empire. Si l'associé est simplement en demeure il doit les intérêts en usage dans le pays où existe la société (32, § 2, *de us.*) ; s'il s'est seulement servi des fonds, mais sans se laisser mettre en demeure, il les doit encore (1, § 1er *de us.*), et cela dans tous les cas en notre matière, car pour qu'il puisse se les approprier comme compensation des risques qu'il court, la loi 67, paragraphe 1er, exige qu'il ne soit pas associé *totorum bonorum*. Nous ajouterons qu'il en serait de même d'un associé *omnium quœstuum*, car la jouissance de tous biens est acquise à la société.

3º *Prestation des fautes.* — L'associé est tenu dans la gestion des affaires sociales de s'abstenir de tout dol et de toute faute. Mais qu'entend-on ici par faute et quelle diligence la loi réclame-t-elle de l'associé,

totorum bonorum ? La même que celle qui s'impose
à tout associé : il est tenu d'apporter à l'administration de la société le soin qu'il donne à ses propres
affaires (§ 1er, *Inst.*, h. t., 72, D., h. t.), et cette solution semble avoir été posée spécialement pour notre
sujet, puisque l'associé à titre universel n'a pas d'affaires autres que celles de l'association. De cette règle
les textes donnent ce motif qu'une personne n'a qu'à
s'en prendre à elle-même si elle a choisi un associé
négligent. Cette raison est puérile, car il est évident
que c'est à cause du *jus fraternitatis* qui les unit,
que les associés ne peuvent se demander les uns aux
autres une diligence plus grande que celle qu'ils
apportent à leurs affaires.

Malgré la clarté des textes, on s'est demandé si l'on
devait appliquer à l'associé à apport industriel les
mêmes principes, et sur ce point une dissidence est
née parmi les interprètes. Pour les uns, c'est l'*exac-
tissima diligentia* que l'on doit imposer exceptionnellement à ces associés ; ils sont responsables de
toute faute que ne commettrait pas un père de famille
très soigneux de ses intérêts. Cette opinion se base
et sur la loi 52, § 2, h. t., dans laquelle Ulpien, par
la généralité des termes qu'il emploie, semble exiger
l'*exacta diligentia* d'un associé à apport industriel,
et sur l'autorité des Basiliques (l. 12, h. t., I, § 50,
n° 5) et enfin sur la difficulté qu'il peut y avoir à
estimer *in concreto* l'industrie de cet associé. Pareil
système ne pouvait prévaloir, car il est en contradiction flagrante avec cette égalité entre coassociés qui
fait la base de toute association. De plus les raisons

sur lesquelles il repose sont vagues et ne sauraient prévaloir contre les textes formels qui présentent la responsabilité de l'associé comme devant toujours être envisagée *in concreto*. On s'accorde donc pour soumettre l'associé à apport industriel aux mêmes règles que les autres.

Terminons sur ce point par deux remarques :

1° *Les parties peuvent librement modifier par leurs conventions leur responsabilité respective.* — Cette faculté n'a pour limite que la règle posée par la loi 23, *de reg. jur.* 49, 17 : « *hoc servabitur quod initio convenit : legem enim contractus dedit : exceptio eo quod Celsus putat, non valeri si convenerit, ne dolus prestetur ; hoc enim bonæ fidei judicio contrarium est.* »

2° Les dommages auxquels l'associé peut être condamné par suite de ses manquements, ne peuvent se compenser avec les profits que ses opérations ont procurés à la société (23, § 1, h. t.). Ces derniers seront donc mis en commun, tandis que les premiers resteront propres à l'associé délinquant (1). Il est à remarquer que dans la société *totorum bonorum*, les droits de la société ne pourront de ce chef s'exercer qu'à la dissolution par voie de prélèvement sur la part de l'associé débiteur, car cette part constitue son unique bien.

B) *Droits des associés.* — Cette partie ne présente

----

(1) La règle romaine a passé dans notre Droit où elle fait l'objet de l'article 1850.

rien de spécial à notre sujet et peut se résumer en deux propositions : 1° dans la société universelle, l'associé n'a qu'un seul droit, sa part éventuelle dans le fonds commun. Quant aux créances qui peuvent résulter pour lui de ses opérations, elles n'existent pas, car n'ayant aucun bien personnel, il devrait rendre d'une main ce qu'il recevrait de l'autre. Cependant si, à la dissolution, il était grevé envers les tiers de dettes sociales, il devrait s'en faire tenir compte dans le partage (27, h. t.) et se faire donner caution au besoin de leur remboursement (38, h. t.); 2° l'associé *omnium quæstuum* est soumis aux règles ordinaires. Il possède, en effet, un patrimoine personnel, et tous les dommages que lui causent les opérations sociales doivent être compensés (52, §§ 4 et 15, h. t.).

§ II. — RAPPORTS DES ASSOCIÉS AVEC LES TIERS.

L'administration de la société peut être confiée à un seul gérant, nommé généralement *syndicus* ou *actor;* elle peut aussi être partagée entre tous les associés. Il est inutile de faire remarquer que dans une société à titre universel, c'est cette dernière hypothèse qui se présentera le plus souvent; cependant, comme toutes deux sont possibles, elles doivent être examinées l'une et l'autre.

1re *Hypothèse.* — Il y a un seul gérant. Ce gérant peut être un associé ou un tiers : on nommera de préférence un associé pour diminuer les frais, et parce que la meilleure garantie réside dans l'intérêt de la personne qui est chargée de gérer.

Quoi qu'il en soit, la plupart des règles sont communes à tout gérant. Voici les principales :

1° Dans l'ancien Droit romain, le résultat des opérations passées par le *syndicus,* bien que ce fût au nom et pour le compte de la société, s'arrêtent sur sa tête ;

2° Le premier pas en cette voie consista à permettre d'acquérir la propriété à autrui au moyen de la tradition : dès lors, le gérant put faire passer directement les biens acquis sur la tête des associés en se servant de la tradition ;

3° La jurisprudence des préteurs, par une réaction, continue contre les anciens principes, aboutit à permettre aux associés d'intenter *utiliter* les actions acquises par leur mandataire. Réciproquement, ils furent soumis à l'action des tiers pour dettes contractées par le gérant. Les tiers purent se servir à cet effet de l'action du contrat *institoria utilis.* (1, § 2, *de instit.,* XIV, 3 ; 63, *de proc.,* III, 3 ; 13, § 25, *de act. empti,* XIX, 1 ; 1, § 25, 2, 3, 4, *de exerc.,* XIV, 1.)

A côté de ces règles communes, nous constatons deux différences : 1° le mandataire *extraneus* est tenu de la *culpa levis* appréciée *in abstracto :* pour le mandataire *socius,* elle n'est envisagée que *in concreto ;* 2° le mandataire *extraneus* peut être révoqué *ad nutum*, le mandataire *socius*, au contraire, s'il tient ses pouvoirs du contrat, doit les garder autant que celui-ci reste en vigueur.

Telles sont, en résumé, les règles auxquelles obéissent au regard des tiers les rapports de l'associé gérant. Ajoutons que, s'il se fait représenter par son mandataire naturel, esclave ou fils de famille, il ne pourra être poursuivi que dans la limite de l'exercice des actions *adjectitiæ qualitatis*.

Reste sur ce sujet une dernière question à examiner : c'est l'interprétation de la loi 82, h. t., qui est conçue en ces termes : « *jure societatis per socium œre alieno socius non obligatur, nisi in communem arcam pecuniæ versæ sunt.* » Cette règle doit-elle être appliquée aux rapports des associés envers les tiers ou restreinte aux seuls rapports des associés entre eux, telle est la question née de la rédaction trop vague de ce texte. Une première opinion prend dans un sens général le texte de la loi 82, et enseigne que les associés sont tenus envers les tiers avec lesquels leur coassocié a traité, si les bénéfices de l'opération ont été mis en commun (1). Elle invoque à l'appui de son interprétation deux arguments : 1° les termes de la loi 82 sont généraux, ils ne contiennent aucune restriction qui puisse faire supposer qu'il ne s'agisse que des rapports des associés entre eux ; 2° les lois 10, paragraphes 4 et 13, *de in rem verso*, xv, 3, sont en ce sens.

_____

(1) Maynz, *Obl.*, § 227. Cette opinion a passé dans le Code civil où nous la trouvons formulée dans l'article 1864.

Cette opinion est généralement rejetée, et l'on s'accorde à reconnaître que la loi 82 n'a eu en vue que les rapports des associés entre eux. De fortes raisons militent, en effet, en ce sens : 1ᵈ les principes généraux commandent notre solution, et, à ce point de vue, il est important de remarquer que le système précédemment exposé tombe en contradiction avec lui-même. Il prétend prendre la loi 82 dans son sens le plus large. et est cependant forcé de reconnaître qu'elle ne saurait s'appliquer qu'à l'hypothèse exceptionnelle où le mandataire aurait excédé les limites de ses pouvoirs. Si, en effet, il a agi conformément à son mandat, les tiers ont contre la société l'action *institoria utilis*, et n'ont aucun besoin de se préoccuper de l'*in rem versum;* 2º l'action *de in rem' verso* est de sa nature *adjectitiæ qualitatis;* elle ne s'applique que dans le cas où une personne *alieni juris* contracte; la loi 13, invoquée par nos adversaires, en fournit la preuve; c'est la sortir de sa sphère d'action que de la faire intervenir dans notre hypothèse; 3º l'expression « *jure societatis,* » que nous trouvons dans la loi 82, démontre abondamment qu'elle est relative aux rapports des associés entre eux; 4º enfin, adopter la solution contraire conduit à investir d'un droit de suite une simple créance, ce qui est contraire aux principes fondamentaux du Droit.

2ᵐᵉ hypothèse. — Les associés gèrent ensemble. Cette hypothèse est, nous le savons, de beaucoup la plus pratique. Réunis, les associés ne sont plus des mandataires, ils sont les propriétaires du fonds social, et leur droit s'étend, par suite, jusqu'aux actes de disposition; séparés, ils ont la libre administration des biens sociaux, et, à défaut de convention spéciale, leurs pouvoirs sont réglés par les principes généraux. Cependant aucun d'eux ne peut faire une opération, malgré l'opposition de ses coassociés, selon l'adage : « *In re communi neminem dominorum jure facere quidquam invito altero posse.* » (Papinien, 3, *Com. div.*, x, 3.) Il convient de faire quelques remarques à ce sujet : 1° l'opposition serait de nul effet si elle se trouvait en contradiction avec les termes du contrat; 2° inversement, un acte fait en dehors de l'objet de la société est nul par lui-même, sans aucune opposition; 3° les parties pourraient, en en exprimant la volonté, modifier sur ce point les règles légales (1). Au cas où les associés prennent tous part à une opération, les résultats s'en divisent entre eux. On a soutenu qu'ils étaient tenus *in solidum* des conséquences de leur acte : il n'en est rien, car on sait que la solidarité ne peut résulter que de la convention ou de la loi.

Il existe une exception à ce principe; on la trouve dans la loi 44, paragraphe 1, *de œd.*, éd. xxi, 1. Aux termes de cette loi, lorsque des vendeurs d'esclaves sont en société (et c'est le cas le plus fréquent), les édiles donnent leurs actions *in solidum* contre celui

---

(1) Le Code civil s'est montré plus large sur les pouvoirs d'administration des associés : il permet à chacun d'eux d'agir, même malgré l'opposition de ses coassociés. (Arg. art. 1858.)

qui a dans la société la plus grande part. Le texte indique à cette dérogation aux principes deux raisons, éviter à l'acheteur l'embarras de rechercher tous les associés et faciliter les recours en garantie contre des gens chez qui l'âpreté au gain tient trop souvent lieu de conscience. La seule allégation de ces raisons prouve bien que la règle de la loi 44, paragraphe 1, est exceptionnelle et ne saurait être étendue à d'autres hypothèses que celle qu'elle a spécialement prévue.

De cette même loi (44, § 1, *de œd.*), il résulte que, dans les cas ordinaires, la condamnation devra être partagée entre les divers coassociés dans la proportion de leurs mises. C'est, en effet, le parti le plus équitable et le plus simple, car il supprime tout recours d'un associé à l'autre, basé sur le fait de la condamnation.

De même, la loi 4, pr., *de ex. act.*, XIV, 1, reproduit cette solution. Elle a cependant été contestée et on a prétendu (Maynz, *loc. cit.*) que le partage devrait se faire par parts viriles. En ce sens, on invoque deux textes, la loi 37, *de stip. serv.*, XLV, 3, et la loi 43, *de re jud.*, XLII, 1. Nous croyons que c'est à tort, et que les textes cités ne sauraient être d'aucune autorité dans la matière. Le premier, en effet, n'établit pas une règle de droit, mais tranche simplement une question d'interprétation. Quant au second, il suppose bien une condamnation rendue contre plusieurs personnes, mais il n'implique nullement qu'elles soient liées entre elles par un rapport d'association. On ne peut donc raisonnablement les

opposer aux textes formels qui fondent l'opinion
contraire. On leur a objecté, il est vrai, qu'ils con-
cernaient une hypothèse exceptionnelle, celle où le
tiers contractant aurait connaissance de la quotité
des droits de chacun. C'est une pure hypothèse, et,
fût-elle réalisée, nous ne comprenons pas quelle
influence ce point de détail pourrait avoir sur la
solution de la difficulté. Remarquons, en finissant,
que, si les associés s'étaient respectivement donné
mandat d'agir, ils seraient tenus *in solidum*, conformément aux principes généraux.

SECTION II.

DISSOLUTION DE LA SOCIÉTÉ.

Nous traiterons successivement des causes de la
dissolution et de ses conséquences.

§ Ier. — CAUSES DE DISSOLUTION.

« *Societas solvitur ex rebus, ex voluntate, ex actione* » (63, § 10, h. t.). Les quatre groupes dans

lesquels Ulpien fait rentrer les diverses causes de dissolution sont applicables à notre matière, mais sous le bénéfice de certaines distinctions qui nous obligent à les étudier séparément.

1° Dissolution *ex personis*. Nulle remarque particulière n'est à faire sur ce premier groupe. La société universelle comme toute autre se dissout par la mort de l'un des associés (G. C., III, § 152; 65, § 9, h. t.), sauf faculté d'une réassociation tacite « *nisi in coeunda societate aliter convenerit.* » En aucun cas les héritiers du coassocié décédé ne peuvent y être admis, ceci moins, à cause de l'incertitude de leur personne, que pour laisser à chaque associé la pleine et entière liberté de changer ses institués jusqu'à sa mort (52, § 9, h. t.) (1).

De même équivalent à la mort à notre point de vue les événements qui font subir à la personnalité juridique de l'individu une transformation radicale, ainsi la *bonorum venditio* (G. C. III, § 154), la confiscation (§ 7, Inst. h. t.), l'*egestas* (4, § 1, h. t.), la *capitis deminutio* (63, § 10, h. t.); ce dernier texte ne mentionne, il est vrai que, la *maxima* et la *media capitis deminutio*, comme devant produire cet effet. De là un parti (Molitor *Obl.* t. II, n° 676) conclut à ce que la *minima capitis deminutio* laissât subsister le contrat. Cette conséquence est vraie pour le Droit de

---

(1) Le Droit romain faisait exception à cette prohibition en matière de sociétés vectigaliennes (59, 63, § 8, h. t.); dans notre Droit l'exception est devenue la règle (art. 1868, Cod. civ.)

Justinien, mais, pour la période antérieure, elle n'est
pas soutenable, car elle se trouve en contradiction
avec Gaïus (C. iii, § 153) et Ulpien (58, § 2, h. t.)

2° Dissolution *ex rebus*. Ce groupe comprend deux
cas. *a)* La fin de la *negotiatio*, but de la société, a
amené sa dissolution. Cette cause de dissolution
est inapplicable à notre sujet. Une société à titre
universel n'a jamais pour unique objet une opération
déterminée (arg. l. 5, pr. h. t.). On peut cependant
prévoir que plusieurs personnes mettent tous leurs
biens en commun en vue d'accomplir une opération
spéciale. Dans ce cas les associés *negotiationis alicujus*, bien qu'ayant mis tous leurs biens dans le
fonds social, ne participeraient pas aux règles qui régissent exceptionnellement la société, *totorum bonorum*; ainsi, la présomption de constitut possessoire
tacite ne leur serait pas applicable, et les biens qu'ils
acquerraient au cours de la société par succession
ou donation leur resteraient propres. *b)* La perte du
fonds social (63, § 10, h. t.) amène aussi la dissolution *ex re*. Cette cause est encore inapplicable aux
sociétés à titre universel, car, alors même que tous
les biens des associés viendraient à disparaître, leur
industrie subsiste et suffit à constituer un capital social. Il faut faire cependant une restriction; le paragraphe 10 s'exprime ainsi : « *intereunt res cum aut
nullæ relinquantur, aut conditionem mutaverint.* »
Si la société à titre universel ne peut disparaître par
perte du fonds social, elle peut s'éteindre lorsque
l'apport vient à subir une transformation telle qu'il ne
se prête plus au but de la société. Si l'on suppose

qu'un chanteur s'associe avec un musicien chargé de l'accompagner, et que ce dernier, par suite d'une paralysie ne puisse plus jouer de son instrument, leur société sera dissoute *ex re*.

3° Dissolution *ex voluntate*. La société se dissout *ex voluntate*, soit lorsque tous les associés renoncent expressément ou tacitement (64, h. t.) au contrat, soit lorsqu'un seul d'entre eux se retire en signifiant aux autres sa *renunciatio*.

Pour que la renonciation d'un associé sorte à effet, il faut qu'elle ne soit ni intempestive, ni frauduleuse. A ce sujet deux remarques sont à faire :

1° Au cas de pacte *ne abeatur intra certum tempus*, toute renonciation antérieure au terme fixé est par là même présumée intempestive, et il faut une raison spéciale pour la justifier (1) (14, 15, 16, h. t.);

2° En tout autre cas, la renonciation est libre. « *In communione vel societate, nemo compellitur invitus detineri* (5, C. Com. d. III, 37.) Toutefois si elle est frauduleuse, ce qui, d'après les textes, semble avoir été redouté surtout pour les sociétés universelles (G. C. III, § 150), elle produit son effet contre le renonçant, mais ne le produit pas en faveur. Le renonçant « *socium a se non se à socio liberat* » (65, § 6, h. t.); il participe aux pertes provenant de l'opération qui a motivé la renonciation frau-

---

(1) Nous trouvons dans l'article 1871 du Code civil une disposition analogue.

duleuse, tout en restant étranger aux bénéfices qu'elle peut produire. Toutefois, cette société dans les pertes ne subsiste que pour l'opération en vue de laquelle il avait renoncé, et non pour les suivantes (65, § 2, h. t.).

4° Dissolution *ex actione*. Cette quatrième cause de dissolution est obscure et a donné lieu à des contestations quant à sa légitimité. Son opinion ne paraît pas vraisemblable. En effet, si Ulpien avait voulu désigner l'action *pro socio*, il se serait servi plutôt de l'expression *ex judicio* que du mot *ex actione*. De plus, cette cause prétendue de dissolution n'en est pas une, et l'action *pro socio* n'est qu'une conséquence des contestations soulevées par la dissolution qui a elle-même été consommée par une cause quelconque. Nous préférons voir avec Maynz (§ 228, n° 4) et conformément à l'explication donnée par Paul, dans la loi 65, pr., h., t., dans la dissolution *ex actione* la *renunciatio* tacite, manifestée par la transformation des rapports juridiques existant entre coassociés.

Si aux divers modes de dissolution ci-dessus énumérés on ajoute pour mémoire la dissolution *ex tempore* qui dut être fort rare en matière de société universelle, l'énumération en est complète.

§ II. — Conséquences de la dissolution.

La dissolution de la société sépare les intérêts des contractants qui avaient jusque-là été réunis. Pour en apprécier exactement les effets il faut se reporter aux principes exposés dans la théorie générale du contrat de société : ils s'appliquent en effet intégralement à notre sujet. On commencera donc à former la masse : pour cela on réunira les droits actifs en agissant soit contre les associés détenteurs des biens communs par l'action *pro socio*, soit contre les tiers par les actions issues des contrats qui les ont obligés envers la société. Cela fait, comme « *bona non intelliguntur nisi deducto œre alieno* », de l'actif obtenu on déduira les dettes en soldant celles qui sont échues et en garantissant aux associés débiteurs des dettes non échues leur remboursement après paiement. (38, h. t.) La masse obtenue, on détermine, suivant les règles générales, la part de chacun des associés et on procède au partage. Il s'obtiendra en général par l'action *communi dividundo*. Toutefois, si la société existait entre cohéritiers, le partage des biens héréditaires pourrait être demandé par l'action *familiæ erciscundæ*, et l'action *communi dividundo* ne servirait dans cette hypothèse qu'à répartir entre les cohéritiers les bénéfices réalisés.

Il ne nous reste plus que trois remarques à faire
sur ce sujet :

1° On controverse vivement la question de savoir
quelles doivent être en l'absence de toute convention
les parts respectives des associés dans les bénéfices
et dans les pertes. La majorité des auteurs s'accorde,
on le sait, à reconnaître que la division doit se faire
entre eux par parts viriles. Cette solution est commandée en notre matière par une raison spéciale.
Le fait de mettre en commun tous ses biens aboutit
à créer entre les associés des rapports plus intimes,
une véritable association de personnes ; de là, une
fraternité plus réelle et plus justifiée entre les associés et, par suite, la nécessité de se mettre les uns
à l'égard des autres sur le pied de l'égalité la plus
absolue. On comprend, dès lors, qu'à défaut de convention, ils aient des droits égaux sur le fonds social.

2° La question du prélèvement des apports fait
également difficulté dans les sociétés à titre particulier et exige de nombreuses distinctions. Dans les
sociétés à titre universel, au contraire, la solution est
unique. En effet *a)* dans la société *omnium quæstuum*,
les apports consistent tous en jouissance et en industrie et sont par leur nature même sujets à prélèvement; *b)* la société *totorum bonorum* manifestant
chez les contractants l'intention de confondre leurs
biens, comporte une présomption contraire au prélèvement des apports.

3° L'égalité qui existe entre associés dans la *societas
totorum bonorum* peut exceptionnellement être rom-

pue par suite d'obligations qui leur sont personnelles, celles qui résultent des délits par eux commis. Ces obligations seront sanctionnées par les actions pénales qui leur sont propres.

Si ces actions appartiennent à la société envers l'un des associés, il convient de remarquer que, selon les règles du concours des actions, elles concourent avec l'action *pro socio* électivement en tant que *rei persecutariæ*, cumulativement en tant que pénales.

CHAPITRE IV.

Aperçu sur le rôle joué par les Sociétés à titre universel.

Nous avons fini avec la partie purement juridique
de notre étude : exposer les règles auxquelles obéis-
saient les sociétés à titre universel et, en particulier,
celles qui leur restaient personnelles, tel était notre
but, mais nous serions incomplet si aux principes
juridiques que nous venons d'exposer nous n'ajoutions
quelques mots sur l'histoire des sociétés universelles.
Il est intéressant d'examiner les principales applications d'une institution qui a traversé toutes les législations pour venir expirer dans la nôtre. Un pareil
sujet a fait l'objet de savantes études. Il ne nous
appartient pas de marcher sur les traces des habiles
explorateurs qui ont ressuscité de nos jours la vie des
nations éteintes, mais nous voudrions au moins, en
reproduisant les points les plus saillants de leurs dé-
couvertes, donner une idée de ce que furent à Rome
et dans notre ancien Droit les sociétés à titre universel.

SECTION Ire.

LES SOCIÉTÉS A TITRE UNIVERSEL CHEZ LES ROMAINS.

Il résulte des monuments juridiques, littéraires et épigraphiques que nous ont légués les siècles passés, que la société à titre universel a été utile à Rome, surtout aux *colliberti*, aux époux et aux cohéritiers.

§ 1er. — COLLIBERTI.

Sous le nom de *colliberti*, on désigne les affranchis d'un même patron. On ne saurait s'étonner de trouver dans cette classe d'individus la pratique la plus suivie de l'association. La situation des affranchis d'un même citoyen était, en effet, trop semblable pour qu'ils ne fussent pas portés à se rapprocher et à suivre une commune destinée. A un point de vue général, les *colliberti* étaient égaux aux yeux de la société. Prenant le plus souvent la condition de leur ancien maître, ils avaient par le fait une position sociale exactement semblable; réunis d'abord dans la même *gens*, ils se retrouvèrent plus tard, lorsque la *gens* eut disparu, tous groupés autour de la famille du *manumissor*. Dans la cité, les mêmes incapacités et surtout la même déconsidération les frappaient; tous, enfin, étant privés du *connubium* avec les ingénus, furent, jusqu'aux lois caducaires, portés à sceller par les liens du mariage ou du concubinat la destinée commune qu'ils avaient d'abord partagée.

Si l'on envisage les rapports de l'affranchi envers son patron ou la postérité de celui-ci, on rencontre la même unité. Le nom du maître passe à chaque esclave avec l'affranchissement, et les termes de la *donatio Syntrophi* nous apprennent que le maître tenait à honneur de perpétuer sa mémoire de cette façon. Même similitude dans les *sacra privata;* les affranchis n'en ont d'autres que ceux de leur patron. Enfin, une communauté plus étroite les relie dans l'ancien Droit, qui leur permet de partager le tombeau de la famille. Il est vrai qu'à l'âge classique il faut qu'une disposition spéciale du testament du patron confère ce droit à l'affranchi. (Orelli, 4400-4402.) Toutefois, la fréquence des inscriptions à ce relatives prouve que cette faveur était ordinaire; elle explique aussi le soin que prenaient certains patrons d'exclure formellement leurs affranchis de leur tombeau. (Test. de Dasumius, ii.)

Ajoutons que les *colliberti* sont soumis aux droits de tutelle et de succession envers la même personne, qu'ils sont tenus à son égard à l'*obsequium*. Enfin, leur principale cause de rapprochement consistait en ce qu'ils étaient souvent réunis dans des fondations alimentaires.

Il était d'usage, à Rome, que le patron fît à ses affranchis, par donation ou testament, une donation collective d'aliments. On trouve des exemples dans le testament de *Dasumius* (Giraud, *Rev. de Lég.*, 1845, t. II, p. 273), et dans la donation de Syntrophius. Ces donations pouvaient donner aux *colliberti* et à leur postérité, contre les héritiers du patron, une créance quelquefois garantie par un gage, mais le plus souvent elles portaient sur la propriété de la chose donnée. Les produits de ce bien étaient affectés à l'usage des affranchis, et des clauses d'indivisibilité et d'inaliénabilité assuraient, dans la plupart des cas, l'exécution des volontés du maître. On comprend que, vivants sur une même terre, dans une communauté au moins partielle d'intérêts, les *colliberti* furent naturellement poussés vers l'association. Aussi, les voyons-nous former des sociétés soit *universorum bonorum*, soit *omnium quæstuum*. Ces deux régimes aboutissaient, du reste, pour eux au même résultat; car, ne fournissant le plus souvent aucun apport individuel, et ayant moins de chances que tout autre citoyen de recueillir des donations ou des legs, tout ce qui leur appartenait était commun, dans l'un comme dans l'autre cas. Les textes confirment les présomptions que nous avons tirées de la condition des *colliberti;* la loi 71, D., h. t., nous montre des affranchis formant une société d'acquêts; quant à la société universelle, on s'accorde à en voir des

exemples dans un grand nombre d'inscriptions.
(Orelli, 3012, 3023, 4216.)

§ 2. — EPOUX.

Il est certain que la société entre époux fut beaucoup plus restreinte dans ses applications chez les
Romains que chez nous. On ne trouve de la société
universelle que deux exemples : l'un, dans un texte
du Digeste (44, § 3, *de al. vel cib. leg.* xxxiv, 1);
l'autre, dans un éloge funèbre *[Laudatio Turiæ]*.
Quant à la société *omnium quæstuum*, il est évident
qu'elle a régné entre époux chaque fois qu'ils ont
adopté le régime de l'association, sans s'en expliquer
davantage. Mais cette hypothèse ne paraît pas avoir
été fréquente. La communauté entre époux est entièrement contraire aux principes romains sur l'organisation de la famille.

Associer la femme au mari, c'est lui donner une
part, un pouvoir dans les affaires conjugales, c'est
donc porter atteinte à l'autorité si absolue et si respectée du *pater familias*. De plus, la société ne pourrait fonctionner qu'autant que la femme s'occuperait
sans cesse des affaires conjugales, le principe de la
non représentation ne permettant pas de faire du
mari le chef de la communauté. On a voulu voir dans
la *manus* une société entre le mari et la femme. Sans

doute celle-ci a de plus qu'un enfant son appoit, mais
de là à en faire une associé il y a loin. La *manus* est
le modèle le plus parfait du régime d'absorption : le
mari résume en lui tous les pouvoirs. Quant à la
femme, sa situation a été fort bien caractérisée par un
publiciste contemporain : « Le *pater familias* ne connaît point d'égaux ni d'associés, sa toute-puissance
ne souffre ni degré ni partage. La position que la
femme prend dans la famille de son mari est précisément celle qu'elle quitte dans la famille de son père ;
c'est une fille. La mère est considérée comme la sœur
de ses propres enfants. » (Laboulaye, *Condition de la
femme*, p. 31.) On sait que le type de la séparation,
le régime dotal, l'emporte bientôt sur la *manus*.
Comment expliquer qu'il ait été préféré à la Communauté et qu'ils n'aient pu se fondre ensemble? La
raison en est double : d'une part l'omnipotence du
père de famille ne saurait être, dans l'esprit de la
législation romaine partagée par la femme, d'autre
part les droits de celle-ci ont reçu dans le régime
dotal des sûretés spéciales inexplicables à un régime d'association, et ces garanties étaient considérées intéressant l'ordre public : *reipublicæ interest
mulierum dotes esse salvas*. Tel est le double motif
de la proscription du régime en communauté.

§ III. — Cohéritiers.

Cette troisième classe de personnes nous présente de fréquents exemples d'association à titre universel. Il n'en pouvait être autrement : à la mort du père de famille, ses fils qui lui succèdent n'ont aucun bien propre autre que le patrimoine qui dès ce moment leur appartient en commun ; habitués à vivre et à travailler ensemble ils sont naturellement portés à prolonger l'indivision, et, souvent désireux de changer en état définitif cette situation provisoire, ils forment une société à titre universel. Ces associés sont nommés par les Romains *consortes* et les textes comme les inscriptions nous attestent les fréquentes applications du *consortium*. Nous en aurions fini avec cette matière si les sociétés entre cohéritiers n'avaient donné lieu à un système qui aboutit à renverser les notions fondamentales de la société. Dans un article récemment publié dans la *Revue historique*, un savant professeur, M. Poisnel, affirme que dans le principe et jusqu'à la fin de la République les associations des *consortes* étaient de véritables sociétés taisibles assez semblables à celles de notre ancien Droit. D'après cette opinion le *consortium* n'exigeait pour se former aucun consentement exprès, ni tacite : le seul fait de ne pas demander le partage suffisait. De plus, par une notable dérogation aux règles ordinaires de notre matière, elles étaient perpétuelles et se continuaient entre les héritiers des associés. Ces assertions tendent, on le voit, à renverser des principes universellement admis en matière de société : à ce titre elles méritent d'être examinées avec tout le soin que le peu d'étendue de nos connaissances juridiques permettra d'y donner. Nous allons discuter un à un les arguments de M. Poisnel et essayer de démontrer que, s'ils sont fort ingénieux, par contre ils n'ont pas la gravité nécessaire à l'importance du but auquel ils visent.

1° L'auteur des recherches sur la société universelle commence à affirmer, en se plaçant à un point de vue général, que la société taisible a dù exister en Droit romain. L'importance acquise au moyen âge par les sociétés taisibles prouve à son avis qu'une pareille institution n'appartient ni à un âge, ni à un pays. Elle constitue une phase nécessaire dans l'évolution de toute civilisation et occupe nécessairemeut une page dans l'histoire de la propriété chez tous les peuples. Ces données sont confirmées par ce que nous savons des autres législations anciennes. Il est certain que chez les Germains la copropriété familiale exista de tout temps, et, après de nombreuses recherches sur les origines de notre Droit français, un illustre jurisconsulte conclut à l'existence de cette propriété chez les Gaulois (1).

_____

(1) M. Giraud, *Histoire du Droit français au moyen âge.*

Ce premier argument nous semble trop vague pour que l'on puisse en déduire une conséquence précise. On peut y répondre que les mêmes institutions ne se retrouvent pas chez toutes les nations. Tout au contraire, ce sont les besoins d'une époque et d'un peuple, les conditions économiques au milieu desquelles se forme une législation, qui lui donnent sa physionomie originale, physionomie qui lui reste le plus souvent entièrement propre. Le servage de la glèbe a eu au moyen âge une autre importance que la société universelle, le retrouve-t-on pour cela au début de la civilisation romaine et doit-on s'étonner que la société taisible, qui n'en est qu'un effet, n'ait pas été admise par la loi romaine. Aujourd'hui les sociétés commerciales dominent tout : ont-elles eu jamais à Rome, même dans l'apogée de sa gloire, un développement comparable à celui qu'elles ont acquis de nos jours.

Du reste, les analogies sur lesquelles se base cet argument de principe n'existent pas. Que le Droit gaulois connût la solidarité d'intérêt entre les membres d'une même famille cela n'a rien d'étonnant : ce détail concorde parfaitement avec ce que César nous rapporte du régime nuptial qu'adoptaient les époux de cette nation. Quant au Droit germanique, la communauté des biens lui est essentielle : c'est lui qui l'a introduit dans notre législation. Mais, de là on ne doit rien conclure, par rapport au Droit romain : entre des nations vivant à l'état demi-sauvage et un peuple qui connut de très bonne heure les bienfaits de la civilisation, il n'existe pas d'analogie. Chaque législation eut son caractère particulier et opposé, ce qui le démontre péremptoirement, c'est que pendant douze siècles elles vécurent côte à côte sur notre territoire sans jamais se mélanger.

2º Passons d'une raison spéculative à un argument plus direct. M. Poisnel voit dans deux textes du Digeste des preuves de l'existence des sociétés taisibles. C'est d'abord la loi 4, *pro socio*, où Modestin dit : *societatem coire et re et verbis et per nuncium posse nos dubium non est.* Contracter une société *re*, c'est bien la former tacitement en laissant se prolonger un pur état de fait. Au contraire, la loi 32, Code civil, contraste avec celle-ci et, fidèle expression du droit classique, exige pour la perfection du contrat, le *tractatus*, c'est-à-dire l'intention de s'associer.

De même, la loi 1, pr., de Paul renferme ces termes : *societas coiri potest in perpetuum, id est, dum vivunt.* « On reconnaît aisément, dans ce dernier membre de phrase, la main maladroite de Tribonien, et il reste le commencement du texte qui atteste l'existence des sociétés perpétuelles. La loi 70 renferme ici l'expression du Droit en vigueur : « *Nulla societatis in æternum coitio est.* » Cette interprétation des lois 4 pr. et 1 pr. devrait être adoptée, si d'autres textes venaient expressément confirmer les leçons ci-dessus reproduites. A leur défaut, nous devons les rejeter, car ces deux lois se concilient aisément avec la législation en vigueur au moment où elles ont été écrites, sans qu'il soit besoin d'y voir un souvenir donné par leurs auteurs à des principes tombés en désuétude, ce que rien, dans les termes employés, ne laisse soupçonner. Il est certain que la société peut se former *re*, mais, par cette expression, nous devons entendre que le consentement peut être donné tacitement et résulte notamment du seul fait de mettre les apports en commun. C'est exagérer la portée de cette expression que lui faire porter toute une théorie; d'ailleurs, nous la voyons ailleurs employée dans le sens que nous avons indiqué (contrats *re*), et l'explication que nous en donnons, a au moins l'avantage d'être en parfait accord avec la loi 32, qui ne fait que développer le principe sommairement posé dans la loi 4 pr. Quant à la loi 1 pr., son interprétation est encore moins digne de foi. Nous ne sommes pas éloigné de voir dans le « *id est dum vivunt,* » une interprétation, mais cette addition était certainement dans l'esprit de son auteur, destinée à éclairer le sens de « *perpetuum,* » non à le changer.

Du reste, on peut aller plus loin et affirmer que sans une mention spéciale, « *perpetuum* » ne saurait être traduit par perpétuelle, mais bien par continu. *L'edictum perpetuum*, les *quæstiones perpetuæ* en font foi. C'est donc détourner la phrase de son sens grammatical, que de lui faire consacrer la prétendue perpétuité des sociétés. Dans le doute, c'est l'interprétation ordinaire qu'il faut suivre. Ces termes de la loi 70 viennent de plus trancher toute difficulté en la confirmant;

3° Après avoir fondé, soit sur des considérations générales, soit sur les textes l'existence à Rome du type taisible et perpétuel, le mémoire que nous analysons recherche dans quelle classe d'individus existaient ces compagnies. Il les trouve, nous l'avons dit, non dans le premier cercle de la famille entre les personnes soumises à l'autorité du *pater,* car l'unité de cette autorité s'y oppose, non entre époux, mais entre les enfants devenus *sui juris* par la mort du *pater* et appelés à recueillir sa succession. L'indivision leur fut tout d'abord imposée ; réunis par leur droit au tombeau, succédant ensemble à la maison paternelle à *l'heredium* qui paraît avoir été indivisible, ils constituèrent, dans le principe, des sociétés non-seulement taisibles, mais même obligatoires.

Plus tard, lorsque l'action en partage leur fut ouverte, l'habitude était prise, et longtemps encore ils ne songèrent pas à en profiter ; ce fut la véritable époque des sociétés taisibles et perpétuelles (1). Ce qui prouve qu'il en fut ainsi, c'est que l'état dans lequel se trouvaient les cohéritiers se nommait primitivement *ercto non cito :* il en résulte donc qu'il leur suffisait de ne pas demander le partage pour se trouver en société ; c'est ensuite la généralité de l'expression *socius,* qui fut employée de tout temps pour désigner les cohéritiers (35, § 16, *fam. erc.,* x, 2 ; 32, *pro socio*), ce qui indique qu'ils eurent à leur disposition l'action *pro socio* ; c'est enfin l'aptitude des action *pro socio* et *communi dividundo* à s'appliquer

---

(1) M. Poisnel appelle en sa faveur à ce propos le témoignage de M. Giraud. C'est à tort. L'éminent auteur des recherches du droit de propriété chez les Romains, attribue la communauté de propriété à l'Etat et non à la famille. Il reconnaît, du reste, l'extrême antiquité de la propriété individuelle (p. 50).

à toute l'hérédité, *bona paterna* et *quœstus*, parce
que, dans la plupart des cas, les fils recueillant par
tête les *bona paterna* et partageant dans la même
proportion les *quœstus*, une même formule pouvait
comprendre les uns et les autres. Ces raisons nous
paraissent incontestablement beaucoup plus sérieuses
que toutes celles qui ont été apportées jusqu'ici à
l'appui de l'opinion que nous combattons : elles ne
nous semblent cependant pas pleinement convain-
cantes. Si, primitivement, on a appelé *ercto non cito*,
l'indivision existant entre les coassociés, cela n'indique nullement qu'il s'y joigne une société : le fait de
ne pas demander le partage aboutit à l'indivision et
rien de plus.

Quant à la qualification de *socius* qui est appliquée
au cohéritier, elle paraît au premier abord plus concluante. Toutefois, elle ne prouve qu'une chose, le
peu d'antiquité du mot *coheres*, si le cohéritier était
dans le principe connu sous le nom de *socius*, cela
tient à ce que souvent, ce qui est incontestable, les
cohéritiers s'associaient. Mais en l'absence de toute
autre preuve, nous ne pensons pas que cette étimologie
doive faire conclure à ce que les cohéritiers auraient
eu autrefois l'action *pro socio* : en particulier, la loi
32, h. t., le nie formellement et, pour qui connaît le
respect des anciennes traditions professé par les jurisconsultes romains, il est fort probable que, si la
proposition contraire eût jamais été vraie, Ulpien
n'eût pas manqué de le mentionner dans le texte précité. Reste la dernière raison alléguée, nous ne la
combattons pas : en effet, elle prouve que dans une

hypothèse très fréquente, l'action *familiæ erciscundæ*
et l'action *pro socio* pouvaient s'appliquer toutes deux
à l'universalité du patrimoine des associés, elle ne
démontre nullement que cette application ait effectivement existé ;

4° Restait à expliquer comment le *consortium* a
disparu de si bonne heure, qu'il n'a laissé, dans les
textes, que des traces fort légères. M. Poisnel, attribue à une double cause ce résultat : dès que le préteur
eut attaché l'infamie à l'action *pro socio*, l'équité la
plus élémentaire interdit d'appliquer cette voie de
droit à des gens que le hasard seul a retenus dans
l'indivision : de là, la disparition du caractère taisible
de la société. Quant à la perpétuité, elle a dû à une
autre raison sa proscription. Du moment où la faculté
de tester permet au citoyen de faire passer son patrimoine à des étrangers, il devint injuste de les ratta-
cher aux cohéritiers du défunt par des liens aussi
étroits que les relations sociales, et la société dut se
dissoudre à la mort d'un quelconque de ses membres.
Les sociétés taisibles eussent-elles réellement existé
chez les Romains, de pareilles causes ne suffiraient pas
à en justifier la disparition. Nous en donnerons un seul
motif : on sait que le préteur, respectueux surtout du
texte de la loi, n'essaya jamais, même dans ses innova-
tions les plus hardies, de le faire disparaître, qu'il se
contenta toujours d'édifier à côté du Droit ancien une
législation nouvelle destinée à en atténuer les effets.
Dès lors, si des sociétés taisibles avaient jamais
existé entre cohéritiers, il se serait borné à les des-
tituer de leurs effets, mais tout en respectant l'appa-

rence de la société elle-même qui serait ainsi parvenue jusqu'à nous.

Nous espérons avoir démontré le peu de fondement des arguments apportés à l'appui de la thèse qui vient de se produire. Cela étant, il ne reste qu'à déclarer en vertu des principes inscrits en toutes lettres dans les textes, que les sociétés ne furent jamais à Rome, qu'expresses et viagères.

SECTION II.

ANCIEN DROIT.

Nous n'avons pas la prétention de traiter ici, même sommairement, l'histoire des sociétés à titre universel dans notre ancien Droit, car nous dépasserions, en le faisant, les bornes de notre étude ; mais de même que, dans la section précédente, nous avons cherché à signaler les exemples les plus marquants de l'application de notre sujet à la vie juridique du peuple romain, de même dans celle-ci, nous voulons tracer une légère esquisse de deux espèces de sociétés spécialement intéressantes, l'une, par son originalité, l'autre, par ses rapports avec le sujet que nous de-

7

vons traiter dans la seconde partie de notre travail :
nous voulons parler des sociétés taisibles et de la société d'acquêts existant entre époux.

§ I. — SOCIÉTÉS TAISIBLES.

On sait que l'on doit entendre par sociétés taisibles celles qui se forment sans aucune espèce de
contrat exprès ni sous entendu, par le seul fait de
la cohabitation. Cette association fut, dans notre ancien Droit, d'un grand usage : nous la voyons existant, soit parmi les serfs, soit parmi les hommes libres. Une double cause conduisit à reconnaître, parmi
les serfs habitant et travaillant en commun, l'existence
d'une société taisible. Nous trouvons la première
dans Loysel (n° 74) : « serfs ou mainmortables ne
peuvent tester et ne succèdent les uns aux autres,
sinon tant qu'ils sont demeurant en commun. »
Plus favorisé pendant sa vie que l'esclave romain,
l'homme de mainmorte se voyait appliquer à sa mort
la règle : *mors omnia solvit*. Les biens qu'on lui avait
reconnus pendant sa vie ne passaient pas en principe
à ses héritiers légitimes ou testamentaires, ils reve-
naient au seigneur par droit de réversion. Pareil
principe était bien fait pour révolter celui qui en était
la victime et pour désintéresser les serfs de leurs travaux ; aussi Delaurière nous apprend-il que plusieurs

coutumes y apportaient des restrictions et des exceptions. Ces mesures étant insuffisantes, on tempéra l'iniquité du droit de réversion en reconnaissant parmi les serfs demeurant en commun l'existence de sociétés taisibles : dès lors l'individu pouvait mourir, le corps moral dont il était un membre n'en subsistait pas moins, et, recueillant par une sorte d'accroissement les biens du défunt, faisait échec au droit de réversion. Une autre raison, celle-là économique, fit accepter ces sociétés taisibles. L'agriculture, principale source de la richesse au moyen âge, exigeait des bras nombreux en permettant aux cultivateurs de s'associer, en favorisait leurs intérêts pécuniaires et en soustrayait leurs profits à la rapacité du seigneur. Ce dernier était malgré cela intéressé à la prospérité de l'association, car son existence lui assurait la bonne culture de ses terres et l'exactitude dans le payement des redevances qui étaient la représentation de son domaine éminent sur le sol.

Pour être en communauté les mainmortables doivent vivre à pain, sel et feu commun. (Loysel, n° 76.) Réunis autour du même foyer, mangeant à la même table, ils forment une association, une compagnie (1). Toute la famille, du reste, en fait partie et la participation à la culture, pour en être la cause, n'en constitue cependant pas la condition essentielle. « En

_____

(1) Au dire de Pasquier, *Rech.*, l. 8, ch. 24, cette expression vient de ce que les serfs mangeaient leur pains ensemble *(compani.)*

ces communautés, dit Coquille (1), on fait compte des
enfants qui ne savent encore rien faire, par l'espé-
rance qu'on a qu'à l'avenir ils feront ; on fait compte
de ceux qui sont en vigueur d'âge pour ce qu'il faut ;
on fait compte des vieux et pour le conseil et pour la
souvenance qu'on a qu'ils ont bien fait ; et ainsi de
tous âges et de toutes façons ils s'entretiennent
comme un corps politique, qui, par subrogation doit
durer toujours. » La communauté des serfs ne portait, du reste, que sur les biens pour lesquels existait
la mainmorte ; s'ils étaient mainmortables des meubles ils étaient communs en meubles seulement et
inversement. On rapporte cependant (Delaunière sur
Loysel, n° 74) que l'on discuta la question de savoir
si la simple communauté dans les meubles permettait aux serfs de se succéder les uns aux autres ;
Chasseneuz soutenait la négative, mais par faveur
pour les compagnies on finit par décider qu'elle suffisait.

Basée sur une fiction, la communauté taisible était
très fragile, il suffisait que l'un des coassociés entre-
prît de vivre séparément pour faire tomber tout l'é-
chafaudage de la société et ramener l'exercice du
droit de réversion. C'est ce qu'expriment les règles 75
et 76 de Loysel : « un parti tout est parti et, le chanteau part le vilain. Le feu, le sel et le pain partent
l'homme morte main. » On reconnaît dans ces principes le formalisme ancien : la société a eu pour

_____

(1) Commentaire sur l'article 7 de la *Coutume du Nivernais.*

point de départ la communauté de feu et de pain ; le
fait de vivre à pot et à pain , séparés, amène sa dissolution, et on nous rapporte que pour la consommer
le représentant de la société et le chef de chanteau
divise le pain en divers chanteaux.

Toutefois cette théorie primitive ne tarda pas à
être trouvée fort rigoureuse, et la subtilité des légistes
intervint et créa des exceptions destinées à l'adoucir.
On admit successivement qu'un enfant en service ou
absent pour ses études passerait pour présent, ensuite que le départ d'un enfant d'un autre lit, que le
mariage de la fille en dehors de la servitude ne rom-
praient pas l'association ; enfin , lorsque celui qui
s'en allait était un homme fâcheux, son départ ne
pouvait nuire aux autres. En dehors de ces exceptions la dissolution s'opérait et les divers associés ne
pouvaient rétablir leur droit de succession récipro-
que qu'en se réunissant à nouveau avec l'autorisation
du seigneur.

Lorsque les droits féodaux tombèrent en désuétude, le servage de la glèbe disparut et avec lui ces
sociétés taisibles, qui forment une des applications les
plus curieuses et les plus utiles de l'association.

Les sociétés serviles furent la personnification la
plus vigoureuse de l'association au moyen âge. Ense-
velies sous les ruines de la féodalité qui leur avaient
donné naissance, on les voit renaître ensuite entre
roturiers. La pratique de cette institution en avait démontré les avantages : aussi la voyons-nous pratiquée
après la féodalité, d'autres que les serfs surent en
profiter. La coutume reconnut à la cohabitation vo-

lontaire les effets qu'elle avait attribués à la cohabitation forcée : les personnes qui ont habité ensemble pendant l'an et jour sont présumées avoir tacitement une société d'acquêts.

Dans la plupart des coutumes, cette société taisible n'était admise qu'entre frère et sœur; dans quelques autres, elle était reconnue même entre étrangers : partout, du reste, elle ne comprenait que les acquêts, tellement que Lebrun, à qui nous devons un traité spécial sur la matière, se demande si l'on devrait admettre la validité d'une communauté universelle (ch. III, n° 10), et rapporte sur ce point la controverse qui avait agité l'ancienne jurisprudence. Les deux communautés de ce genre furent très fréquentes, et cela ne paraîtra pas étonnant si l'on se rappelle la force irrésistible qui poussa nos ancêtres vers l'association.

Ecoutons sur ce point M. Troplong : « La famille, localisée dans un étroit horizon, est sans cesse en présence d'elle-même, et c'est surtout en elle-même qu'elle trouve sa sauvegarde et ses principales jouissances. Que si des intérêts extraordinaires, plus tumultueux et plus excentriques, s'élancent hors de cette enceinte bornée, c'est toujours par l'association qu'ils cherchent à se donner satisfaction. Le besoin d'émancipation donne naissance aux communes et aux bourgeoisies; le besoin d'indépendance politique aux associations du baronnage contre la royauté et le clergé; le besoin de sécurité dans les moyens de travail, aux corporations marchandes et ouvrières; les sentiments religieux, aux ordres monastiques et aux congrégations. En un mot, l'esprit humain procédait alors par voie d'association. On s'associait pour tout, pour les grandes choses et pour les petites, pour résister aux brigands qui dévastaient les campagnes, et pour se livrer à ses plaisirs. Est-il donc étonnant, dès lors, que cette forme si générale de la civilisation contemporaine se soit fait jour à sa manière dans la question économique des intérêts de la famille. »

Comme conclusion, nous ne devons pas considérer les communautés entre parents comme une institution originale, mais bien plutôt comme une forme du mouvement qui portait le peuple vers l'association.

La société taisible perdit de l'importance à mesure que la propriété mobilière en acquit. L'ordonnance de Moulins lui porta le dernier coup, en exigeant que toute société dont l'objet excéderait cent livres, fût contractée par écrit.

§ II. — SOCIÉTÉ D'ACQUÊTS.

La société d'acquêts eut dans notre ancienne législation des applications plus fréquentes encore que celles de la société universelle. Elle pouvait se former entre toutes personnes, mais on la rencontre surtout usitée entre époux, modifiant dans les pays de Droit écrit ce que le régime dotal présente d'inique et d'exclusif. Avant d'étudier ce régime mixte, tel que le fait le Code civil, il convient de résumer à grands traits ce qu'il a été dans l'ancien Droit.

Une certaine obscurité règne sur le berceau de la société d'acquêts jointe au régime dotal. La plupart des historiens la font naître sans doute au lieu même où elle reçut plus tard sa plus grande extension, dans le ressort du Parlement de Bordeaux, et nous nous rangeons à une opinion qui nous semble logique, mais une autre opinion a été émise par M. Laferrière. L'éminent jurisconsulte frappé sans doute des ressemblances qui existent entre la communauté et la société d'acquêts tient cette dernière pour un dérivé de la communauté coutumière (1). Il ne modifie du reste son opinion qu'en faisant remarquer que cette société était inconnue en Droit romain.

Nous croyons devoir rejeter cette explication et voici les raisons qui nous engagent à le faire :

1° L'affirmation de M. Laferrière relativement à la jurisprudence romaine, sur ce point, n'est pas rigoureusement exacte ; en effet de la loi 44, paragraphe Ier *de alim. vel cib. leg.* XXXIV, 1, qui suppose entre deux époux une société universelle de biens, il résulte *a fortiori* que la société d'acquêts devait être licite entre eux et que, comme plus équitable, elle était certainement plus usitée. (Arg. 7, *pro socio*) ;

---

(1) Laferrière, *Hist. du Droit,* édition de 1838, t. I, p. 188.

2º Le nom seul de société d'acquêts, exclusivement employé en pays de Droit écrit, sans qu'on le rencontre une seul fois en pays coutumier, démontre bien une séparation complète entre les deux contrées à ce point de vue ;

3º Enfin, la meilleure raison qui selon nous existe en notre sens est celle-ci : la communauté d'acquêts n'a pas existé en pays coutumier, comme institution propre, indépendante, elle n'y figure que comme une hypothèse spéciale de réalisation, sans avoir d'origine ni d'existence séparée. Au contraire, dans la société d'acquêts nous trouvons une modalité originale du régime dotal, qui ne se présente jamais sous deux formes différentes, mais à laquelle chacun reconnaît son individualité. De part et d'autre, sans doute, on est arrivé à peu près aux mêmes résultats, mais par des chemins tout différents et auxquels il est impossible d'assigner un point de départ commun.

Nous croyons donc indiscutable que la patrie de la communauté d'acquêts se trouve dans les pays de Droit écrit et parmi eux dans le ressort du Parlement de Bordeaux, qui en a toujours été le principal siége.

Voyons maintenant à l'influence de quelles causes économiques on doit attribuer sa naissance et ses développements. Trois raisons surtout se présentent à la pensée : 1º la première est dans la fusion des diverses populations gauloises, romaines, visigothes et franques, qui s'est peu à peu opérée dans ces pays. Nous avons montré précédemment que les législations de ces divers peuples contenaient toutes des éléments de l'idée d'une association entre les époux. Nous ne reviendrons pas sur ce point et nous nous bornerons à remarquer qu'étant donnée la juxtaposition constante desdits éléments, il était nécessaire, fatal qu'au bout d'un certain temps une fusion s'opérât entre eux.

2° Le progrès des idées et la reconnaissance intellectuelle et juridique qui a suivi l'apparition du Droit romain en France, a, nous le croyons, été pour beaucoup dans la production de la société d'acquêts. Bien qu'en apparence peu favorable à l'émancipation de la pensée, le régime féodal par sa dureté même a singulièrement contribué à hâter les progrès de l'idée d'association. Souffrant de leur situation précaire, les vilains se sont rapprochés : en mettant en commun leurs maux, ils les adoucirent. De là la naissance de toutes ces sociétés entre gens vivant à pot et à pain commun.

Qu'on ajoute à cette nécessité sociale les notions de l'égalité des époux dans le mariage, introduites par l'Eglise, et l'on ne pourra refuser à voir dans ce concours de circonstances une cause de la société d'acquêts ;

3° Enfin, les événements eux-mêmes ont contribué au résultat final. En l'année 1150, le mariage d'Eléonore de Guienne avec Henri Plantagenet préparait l'annexion de la Guienne à l'Angleterre, annexion qui s'étant accomplie peu après, dura jusqu'en 1451.

Pendant ces trois siècles les relations constantes de Bordeaux avec ses maîtres donnèrent un essor au commerce maritime. De là, les fortunes, de là aussi,

la propension des époux à mettre en commun, leurs
efforts, leur industrie pour les réaliser.

Telles sont les causes qui ont amené la naissance
de la société d'acquêts. Œuvre des praticiens, celle-
ci a dû s'introduire peu à peu dans les mœurs et se
généraliser à mesure qu'apparaissait son utilité. Quant
à assigner à son origine une date certaine, on comprend que cela soit impossible ; les documents man-
quent ou plutôt ils ne peuvent pas exister. Mais il est
intéressant de rechercher à quelle époque probable
elle a dû faire son apparition. Un premier point certain, c'est qu'elle existait au temps de la rédaction de
la deuxième coutume de Bordeaux, puisque celle-ci
s'en occupe. Est-elle beaucoup plus ancienne, ou plus
spécialement existait-elle sous l'empire de la première coutume de Bordeaux, telle est la question que
nous avons à résoudre. Ici encore, c'est M. Laferrière qui est le principal soutien de l'opinion que
nous combattons. Il assure que la société d'acquêts
était prohibée sous l'empire de la première coutume
de Bordeaux.

Cette fois, son opinion a des textes pour elle. Elle
se fonde sur deux monuments législatifs : 1º les articles 107, 108, 109 de la coutume prohibée de la société d'acquêts; 2º à ce premier argument on en
ajoute un second qui, tiré des deux Chartes de 1205,
de 1295, interdisant à la femme de prendre dans les
acquêts la part qu'elle était accoutumée à retenir.
Nous ne saurions nous ranger à cette manière de
voir, et cela pour plusieurs raisons :

1º Le second argument allégué en faveur de cette

opinion, nous semble pouvoir facilement être retourné contre ses auteurs. Si ces Chartes interdisent à la femme de prendre une part dans les acquêts, c'est que ce partage des acquêts était déjà en usage ; sans quoi, la prohibition n'aurait plus aucune raison d'être.

Quant à la force de cette défense, elle nous semble contestable ; il est probable qu'elle ne fut que passagère, puisque les jurisconsultes qui parle de la société d'acquêts n'y font même aucune allusion ;

2° En second lieu, les articles 107 à 109 de l'ancienne coutume de Bordeaux n'ont point la portée que leur attribue M. Laferrière. De ce qu'ils refusent de laisser prendre *ipso jure* à la femme une part dans les acquêts, on ne doit pas conclure qu'ils défendent une stipulation de cette part, sans quoi, l'article 26 de la deuxième coutume pourrait être considéré lui-même comme contenant semblable prohibition ;

3° Nous trouvons, au contraire, deux textes formels qui impliquent pour la société d'acquêts une origine fort ancienne.

Le premier est tiré des *Etablissements* de saint Louis, lib. 1, cap., CXXXVI, et est conçu en ces termes : « Se un home ou une fame achetait terre ensemble, qui plus vit si tient sa vie les achas ; et quand ils seront morts ambedui, si retourneront li achas l'une moitié au lignage devers l'homme, et l'autre moitié au lignage devers li fame. »

Le second texte est celui-ci : « *Omnis mulier est genoz viri sui in hac civitate, et viri mulieris simi-*

*liter. Omnis quoque mulier erit, hæres viri sui et
mulieris similiter erit hæres illius* (1). »

Ces deux textes, le premier surtout, sont relatifs à
une sorte de société d'acquêts, laquelle nous paraît
avoir eu alors un caractère légal, ce qui nous explique l'intervention des deux Chartes de 1205 et de
1295. Quoi qu'il en soit, ils prouvent incontestablement que la société d'acquêts remonte au moins au
XIIe, au XIIIe siècle ;

4° Les événements politiques qui, en amenant l'annexion de la Guienne à l'Angleterre, ont causé à
Bordeaux une sorte de révolution économique d'une
importance considérable à notre point de vue, se sont
passés au XIIe siècle.

Tout se réunit donc bien pour faire présumer que
la société d'acquêts est une institution originaire de
Bordeaux, dont la date probable est le milieu du
XIVe siècle.

Les institutions les plus puissantes, les plus répan-
dues ne sont, du reste, pas toujours celles qui sont
dues au pouvoir du législateur. Plus puissant que la
loi, l'usage, fondé sur les nécessités de la pratique,
sur les besoins de chacun, arrive souvent à compléter la loi et à créer, à côté d'elle, des contrats d'une

---

(1) Fribourg (1124), Giraud, *Histoire, Droit français, pièces jus-
tificatives.*

application universelle, parce qu'ils correspondent à des besoins universels.

Sans parler des célèbres exemples que nous offre la loi romaine, ces idées trouvent leur justification dans notre ancien Droit, dans l'histoire de la société d'acquêts.

Nous savons que pendant que le régime dotal et la communauté trouvaient l'un ou l'autre une place dans chaque coutume, la société d'acquêts ne s'éleva jamais ou presque jamais au-dessus des études de notaires où elle était née. Nous trouvons sans doute, çà et là, des exemples d'une coutume érigeant en régime de Droit commun la société d'acquêts, mais ils sont très rares et n'empêchent nullement qu'on puisse dire qu'elle a toujours été conventionnelle. Mais, ce qu'elle n'a pas acquis en force, elle l'a gagné en popularité. Tout le midi de la France, tous les pays qui suivaient le Droit romain, adoptèrent la société d'acquêts. Nous savons, que grâce à une pratique constante, elle était devenue presque de droit commun dans les ressorts du Parlement de Bordeaux. Ce n'est pas tout : le Languedoc, la Provence, l'Auvergne se l'assimilèrent aussi : peut-être dans chaque pays subit-elle, sous l'influence du temps, des modifications insignifiantes. Le principe n'en resta pas moins le même, et l'empressement des parties contractantes à suivre les règles de ce régime mixte affirma pendant tout notre ancien Droit son excellence.

Tels furent, dans notre ancien Droit, l'origine et

le développement d'une des applications les plus remarquables des sociétés à titre universel.

Nous allons maintenant, avec la seconde partie de
notre thèse, l'étudier dans le Droit actuel.

SECONDE PARTIE

DROIT FRANÇAIS

DE LA SOCIÉTÉ D'ACQUÊTS JOINTE AU RÉGIME DOTAL

Nous arrivons, après avoir rapidement esquissé le rôle joué par la société de toùs gains dans notre ancien droit, à l'exposé des règles auxquelles obéit sous le Code civil le régime dotal lorsqu'on lui adjoint une société d'acquêts, exposé qui constitue le point capital de notre travail sur la société.

Mais, entre l'ancien droit et le nouveau, il a existé une transition, elle se personnalise dans les travaux préparatoires du Code civil. Les rapports, les discussions qui ont eu lieu à cette époque méritent l'attention, car ils nous édifient sur la place qu'occupait la

A

société d'acquêts dans l'esprit des jurisconsultes de
la fin du siècle dernier.

Dans le rapport qu'il présenta, le 11 pluviose an XII
(1er février 1804), au tribunal, M. Duveyrier nous
parle fort peu de la société d'acquêts jointe au régime
dotal. Cependant, à propos de l'article 195 du projet,
le disert représentant du Corps législatif prend soin
de faire remarquer que la faculté pour les époux de
se placer sous notre régime, résultait pour eux du
principe général de liberté placé à la tête du projet
de loi, sans qu'il fût besoin d'une disposition spéciale
pour le consacrer, que cependant, voulant rassurer
les populations du midi sur la légalité de cette stipulation nuptiale, la section de législation avait pris le
soin d'en faire l'objet d'une mention spéciale. M. Duveyrier ajoutait que les parties contractantes avaient,
en outre, comme par le passé, le droit : 1º d'attribuer la totalité des acquêts au survivant des époux ;
2º de les réserver aux enfants à naître du mariage
« *pourvu toutefois*, dit-il, *que l'ordre légal des successions soit maintenu.* » Ce sont les seuls points
qu'ait abordés M. Duveyrier. Leur examen est, sans
doute, impuissant à nous édifier sur ses opinions
relativement à la société d'acquêts. Mais, par contre,
elles ressortent clairement d'une autre partie de son
discours, celle qu'il a consacrée à la défense de la
communauté légale comme régime de droit commun.
La communauté est, à ses yeux, surtout avantageuse
pour les époux dont les ressources modiques seraient
fort diminuées, épuisées peut-être par les frais de
rédaction d'un contrat. De plus, c'est bien là le ré-

gime qui leur convient : « c'est surtout dans les unions désintéressées que la nature conserve dans toute sa pureté le principe et le but de l'institution du mariage. Là, l'homme et la femme en s'unissant n'ont d'autre objet que de confondre tout dans une existence commune : les pensées, les plaisirs, les privations, les jouissances... C'est encore dans ces mariages qu'il est vrai de dire que le partage des bénéfices est juste, parce que les travaux sont ainsi également partagés, etc. »

Ces paroles du rapporteur, consacrées à l'éloge de la communauté légale, destinées à lui servir de soutien, de justification, s'appliquent incontestablement beaucoup mieux à une communauté ou société d'acquêts, qu'à la communauté légale qui comprend dans son patrimoine les meubles des époux antérieurs au mariage, et à eux échus par succession ou donation pendant sa durée. Quoi qu'il en soit, elles nous démontrent un point, c'est que si M. Duveyrier prônait la communauté légale, c'était précisément à cause des caractères qu'elle emprunte à la société d'acquêts (1).

Le projet ne passa point sans discussion, et M. Carion-Nisas, un orateur chez qui l'esprit et le jugement empêchent de regretter l'absence de science juridique dont il s'excuse, prit la parole pour proposer d'ériger en régime de droit commun le régime

(1) V. Terret, t. XIII, p. 688, etc.

dotal modifié cependant par une société d'acquêts par égard pour les idées reçues en pays coutumier. Cette proposition, qui fut l'objet d'une discussion sérieuse, il l'appuyait sur des arguments de grande valeur.

La communauté légale est pour la femme la ruine subordonnée le plus souvent au seul caprice de son mari, « c'est un ensemble de règles compliquées, sources de nombreux procès, profit de la population obscure du parquet, des tribunaux, ruine des familles, c'est la préférence donnée à un régime d'origine barbare sur un autre qui est dû au génie du peuple romain. A l'appui de son réquisitoire, l'orateur produit plusieurs délibérations des tribunaux d'appel consultés sur la question. Il nous montre, d'une part, celui de Grenoble qui regarde l'adoption de la communauté légale comme une source de frais inutiles pour les époux ; celui de Rouen qui ne voit dans le projet qu'une occasion de spéculations inavouables ; celui de Montpellier, enfin, qui le considère comme une pomme de discorde que le nord de la France veut jeter dans le midi, fruit que la barbarie des Francs avait recueilli sans doute dans les forêts de la Germanie, et qu'elle a apporté dans les Gaules au milieu du tumulte de la victoire et de la licence des camps. »

L'orateur conclut à ce que l'on adopte comme régime légal, la dotalité modifiée par la société d'acquêts. D'après les objections qui lui furent opposées, on reconnaît que si son projet fut repoussé, ce n'est pas qu'il parût mauvais au fond, c'est qu'il impliquait

une constitution de dot, un contrat par conséquent ;
par contre de l'ensemble de la discussion, il ne résulte pas moins que pour les membres du tribunat,
l'institution dont nous faisons l'étude était évidemment le régime nuptial le plus équitable. Telle fut
la transition entre notre ancien Droit et la législation
actuelle. La société d'acquêts n'est plus qu'une mo-
dification que les époux peuvent à leur gré joindre
au régime dotal qu'ils ont choisi. Mais cette clause
est d'une importance pratique telle, que le législateur a cru devoir la mentionner spécialement dans
l'article 1581, les jurisconsultes trouvent en elle le
digne objet de leurs recherches et de leurs médita-
tions.

Nous consacrerons à l'exposé des règles relatives
à la société d'acquêts jointe au régime dotal, cinq
chapitres dans lesquels il sera traité successivement :
1º de notions générales; 2º de la composition du
fonds social; 3º de l'administration; 4º de la dissolution; 5º du rôle de la société d'acquêts.

Notre étude portera spécialement sur deux
points : faire ressortir les différences qui existent
entre la société d'acquêts d'hier et la société d'acquêts d'aujourd'hui, discuter avec soin les nombreuses controverses que l'on rencontre en cette
matière, celles-là surtout qui sont soulevées par le
concours du régime dotal et du régime de communauté.

Nous diviserons cette partie en cinq chapitres. Un
premier chapitre consacré à l'examen des notions
générales du sujet traitera de l'établissement de la

société, de ses caractères, des modifications que la
volonté des époux peut y apporter. Puis, dans un
second, nous parlerons de sa composition ; dans un
troisième, de son administration ; dans un quatrième,
de sa dissolution et de ses suites. Enfin, un cin-
quième et dernier chapitre portera sur le rôle joué
par la société d'acquêts en France et à l'étranger,
ainsi que sur celui qu'elle pourrait être appelée à
jouer.

CHAPITRE PREMIER

Notions générales.

Le Code civil est très laconique sur la matière de la société d'acquêts jointe au régime dotal : il ne lui consacre qu'un seul article, article de renvoi, dont voici les termes :

Article 1581. « En se soumettant au régime dotal, les époux peuvent néanmoins stipuler une société d'acquêts, et les effets de cette société sont réglés comme il est dit aux articles 1498 et 1499. »

Telle est la seule disposition législative véritablement propre à notre sujet. Quant aux textes auxquels renvoie l'article 1581, ils sont insuffisants eux aussi, nous le démontrerons bientôt : du reste, fussent-ils complets, comme ils ont trait à une clause-modification du régime de communauté légale, il n'en resterait pas moins, en ce qui touche l'union au régime dotal d'une société de gains formée par les époux, un silence regrettable.

C'est à l'occasion des théories qui, comme la nôtre, sont à peine ébauchées par le législateur, que s'étend et s'élève le rôle de la doctrine et de la jurispru-

dence. D'une part, en effet, à chaque pas, l'extrême
concision de la loi force, pour la suppléer, à recourir
aux principes généraux dont il n'est pas toujours facile de faire une juste application ; d'autre part, le
mutisme absolu du Code civil sur les nombreuses hypothèses de conflit entre le régime dotal et celui de
la communauté que présente notre étude, oblige le
jurisconsulte et le magistrat à examiner les titres res-
pectifs de l'un et de l'autre, à envisager leur combinaison si elle est possible, sinon à démêler par une
sage interprétation, quel est celui des deux qui doit
exclure l'autre, par interprétation de la volonté des
époux.

L'interprétation, voilà la grande difficulté. Si nous
pouvions, dès le début, poser un principe absolu applicable en toute circonstance, notre tâche serait facile, mais cette règle commune n'existe pas, elle ne
peut même pas exister, car nous sommes en face de
deux patrimoines, celui de la société d'un côté, celui
des époux de l'autre, soumis à des régimes différents.

En principe, et toutes les fois où cela sera possible, nous distinguerons soigneusement entre les
biens communs et les biens propres : aux premiers,
nous appliquerons les règles de la communauté légale, par application du renvoi de l'article 1581 ; aux
seconds, celles du régime dotal, auquel les époux
ont manifesté l'intention de se soumettre.

Dans tous les cas et ils sont nombreux, où une
question touchant, soit à l'un, soit à l'autre de ces
patrimoines, se présentera, la distinction que nous

venons de poser, n'étant plus applicable, nous re-
chercherons avant tout quelle a dû être l'intention
des parties (1156), et en l'absence de circonstances
particulières, deux règles, deux points de repère
nous paraissent devoir être adoptés : 1° les époux
ont fait du régime dotal le fond, la base de leur régime nuptial. Il en est la partie principale ; nous
chercherons donc toujours à maintenir les principes
de conservation qu'ils ont voulu adopter en se soumettant à ce régime. Nous repoussons donc dès
l'abord le principe d'Odier (1) qui veut, en tous cas,
se référer de préférence aux règles de la communauté ; il nous semble contraire à l'intention des
parties. De plus, son auteur lui-même reconnaît sa
faiblesse et se contredit en renvoyant, en cas d'obscurité des règles de la communauté à la jurisprudence
du Parlement de Bordeaux, jurisprudence exclusivement dotale ; 2° nous estimons, qu'en matière d'une
légère valeur, on doit accorder une extrême attention où s'est faite la stipulation. En effet, la société
d'acquêts est une institution éminemment tradition-
nelle, et le fait des époux de s'y soumettre indique
évidemment leur intention de suivre, dans leur régime nuptial, les règles que leur ont transmises leurs
ancêtres. Ces principes d'interprétation sont à nos
yeux les plus rationnels, nous nous proposons de
les suivre avec soin dans notre étude.

----

(1) T. II, p. 96, 97.

§ 1. — Etablissement de la société d'acquêts.

C'est dans le principe général de la liberté en matière de conventions matrimoniales (1387) que les époux puisent le droit de s'associer aux acquêts. Cette société est pour eux une conséquence de leur liberté, elle leur est accessible au même titre que toutes autres conventions qui ne contreviennent pas aux dispositions des articles 1388 et suivants, mais elle n'a aucun titre spécial à leurs préférences. S'il faut une manifestation expresse de volonté constatée par contrat de mariage pour faire naître la société d'acquêts, par contre, cette condition seule est suffisante.

Que les époux disent qu'ils déclarent vouloir adopter la société d'acquêts et ce sera assez. Bien plus, alors même qu'ils déclareraient vouloir se soumettre à la société d'acquêts telle qu'on la pratiquait dans le ressort du Parlement de Bordeaux, nous croyons leur stipulation valable. On pourrait nous opposer l'article 1390 et tenir pour nulle cette déclaration comme rappelant d'une façon générale une coutume, un statut local en matière de régime nuptial, mais nous estimons que cette objection ne peut résister à un examen attentif de l'article 1390. Ce texte annule, il est vrai, tout contrat de mariage s'en référant simplement à une coutume, à un statut local, mais ce n'est point là notre espèce : la société d'acquêts n'a jamais été statutaire dans le Parlement de Bordeaux. Elle y était bien pratiquée, c'est vrai, mais une prohibition ne peut être étendue au delà des termes précis de la loi qui l'établit.

Non-seulement une mention spéciale d'adoption de la société d'acquêts est valable quelles que soient ses formes, mais la jurisprudence a reconnu que l'institution d'une pareille société, sans être directement visée dans le contrat de mariage, pouvait résulter de l'ensemble des clauses qui y sont renfermées.

La raison nous en est donnée par le tribunal de Rouen : « pour l'interprétation d'un contrat de mariage comme de tout autre acte, il ne faut s'arrêter ni au sens littéral des termes, ni à l'absence des termes usités, mais rechercher et par l'appréciation des faits sous l'influence desquels l'acte a été passé et par l'examen de l'acte lui-même, quelle a été la commune intention des parties. » La Cour de Cassation a adopté cet exposé de principes, mais elle a rejeté les conséquences qu'en tirait le tribunal de Rouen; dans l'espèce, tous les éléments qui constituent une société *d'acquêts* n'avaient pas été spécialement énumérés (la réalisation des biens à échoir au mari par succession ou donation faisait défaut), et la Cour suprême décida le 1er juin 1853 (1), que l'on ne

----

(1) L'arrêt est relatif à la communauté d'acquêts. Nous aurons occasion d'en mentionner beaucoup d'autres ayant le même objet pour toutes les parties communes à la communauté et à la société d'acquêts.

pouvait pas en cette matière raisonner par analogie et étendre les restrictions apportées par les parties à la communauté légale. Cette jurisprudence nous semble parfaitement conforme et à l'esprit de la loi et aux principes généraux du droit. En résumé, une claire manifestation de la volonté des parties est exigée, mais aucunes formes solennelles ne sont requises pour l'adoption de la société d'acquêts.

Cette solution, qui n'est pas susceptible de controverse en ce qui touche notre matière a, au contraire, été vivement discutée dans son application à la communauté d'acquêts. Rappelons que la forme de l'article 1498 et quelques paroles imprudentes de Malleville ont servi de base à une opinion défendue par Merlin et Toullier, opinion exigeant pour l'adoption de la société d'acquêts une formule négative. Ce système, qui méconnaît à la fois et la volonté la plus évidente des parties et les principes généraux du droit, est aujourd'hui entièrement repoussé par la doctrine.

La règle que nous venons de présenter touchant l'adoption de notre régime est de l'aveu de tous, applicable à la communauté, et une jurisprudence constante confirme cette appréciation. (Cass., Rq., 16 déc. 1840.) Toutefois, la volonté des parties avec le respect qu'elle mérite ne doit jamais prévaloir sur le texte de la loi.

Nous devons décider, par conséquent, que la seule stipulation d'une société d'acquêts ne suffit pas pour soumettre les époux au régime dotal, car la dotalité (1392) n'est point une question de circonstances ;

elle a besoin d'une stipulation expresse pour être valablement établie, stipulation qui ne saurait en aucun
cas être suppléée.

La capacité ordinaire en matière de contrat de mariage est suffisante pour adopter le régime de société
d'acquêts. Nous renvoyons sur ce point aux règles
de droit commun. On sait qu'il existe, en cette matière, une controverse restée célèbre sur la capacité
de l'individu muni d'un conseil judiciaire. Est-il absolument libre dans ses conventions matrimoniales ?
Est-il, au contraire, soumis en tout cas à une autorisation ? Et, si sans formalité spéciale, il conclut
son contrat de mariage, quel sera le sort de cet acte ?
Cette question acquiert une importance toute particulière en notre matière. Elle revient alors à se demander si la personne munie d'un conseil judiciaire
peut valablement se soumettre seule au régime dotal
avec société d'acquêts.

Nous pensons, sur ce point, qu'il est loisible à un
incapable de stipuler seul une société d'acquêts. En
voici la raison : on sait que d'après l'opinion qui
triomphe aujourd'hui en doctrine et en jurisprudence,
on applique à tout incapable qui peut valablement se
marier sans autorisation, le principe, qu'en matière
de conventions matrimoniales, il peut faire sa condition meilleure sans pouvoir la rendre pire. Il suit
de là qu'il pourra valablement adopter tout régime
plus avantageux que la communauté légale; il pourra
donc se soumettre à la communauté d'acquêts, car,
en la stipulant, il se réserve en propriété son mobilier présent et futur au lieu de le laisser en com-

mun, ce qui serait une conséquence de l'adoption du
régime de communauté légale (1).

Remarquons enfin, qu'en tout ce qui concerne les
formes dans lesquelles elle doit être établie, le moment
de sa constitution, le point de départ de ses effets,
les modifications qui peuvent y être apportées, la société d'acquêts est soumise aux règles générales,
énoncées dans les articles 1387 et suivants du Code
civil. Spécialement, cette stipulation ne pourra jamais
avoir lieu qu'avant le mariage (1394), et cette règle
innove sur le Droit ancien qui, nous l'avons vu, permettait aux époux de s'associer aux acquêts, même
postérieurement à leur union.

§ 2. — NATURE.

La société d'acquêts est aujourd'hui, quant à
sa nature, toute différente de ce qu'elle était
autrefois. La jurisprudence du Parlement de Bor-

---

(1) M. de Folleville (*Revue pratique,* 139) examine la question
de savoir si le mineur autorisé dans les termes de l'article 1398
peut stipuler une société d'acquêts, et cite sur ce point trois
opinions différentes. Nous croyons que le savant professeur a
commis, en posant ainsi la question, une erreur purement matérielle. Le mineur autorisé a, aux termes de l'article 1398, la
même capacité qu'un majeur libre de voir ses droits, il peut
donc évidemment stipuler une société d'acquêts.

deaux la soumettait, en principe, aux mêmes règles
que les sociétés ordinaires : c'était par l'application
de celles-ci que l'on devait toujours, à moins de
raison spéciale, résoudre les questions pratiques qui
s'élevaient. Aujourd'hui, la base même de la société
d'acquêts est changée.

Elle n'est plus une société ordinaire, exceptionnellement soumise en certains points à des principes
exorbitants du droit commun; par le renvoi qu'il
fait aux articles 1498-1499, l'article 1581 manifeste
l'intention du législateur d'assimiler la société d'acquêts à la communauté coutumière, association *sui
generis*, qui ne présente de points de contact avec
les sociétés ordinaires que ceux de ses règles qui
ont été empruntées au Droit romain. Cette différence fondamentale entre le Droit ancien et moderne,
en engendre une foule d'autres que nous rencon-
trerons dans le cours de cette étude. Bornons-nous,
pour le moment, à en tirer deux conséquences immé-
diates :

1º La société d'acquêts est éminemment civile. Ce
caractère est, en effet, essentiel à toute association
conjugale. Le tribunal de la Seine a, par un jugement
du 3 septembre 1846, confirmé notre proposition en
décidant que la société d'acquêts ne pouvant, en
aucun cas, prendre un caractère commercial, il n'y
avait pas lieu de la soumettre aux conditions de
forme énumérées dans l'article 42 du Code de comm.,
alors même qu'elle aurait pour objet l'exploitation
d'une industrie commune. De là, il suit que les articles 55 et suivants de la loi du 24 juillet 1867, qui ont

remplacé l'article 42, Code de. comm., ne doivent, en aucun cas, être appliqués à la société d'acquêts ;

2° La société d'acquêts n'est pas une personne morale. Nous touchons avec cette proposition à une des controverses les plus importantes du contrat de mariage. Si elle n'avait rien de spécial à notre matière, il n'entrerait pas dans notre plan de la rappeler. Mais il se trouve précisément que c'est sur la société d'acquêts qu'elle est la plus controversée. De nombreux et bons esprits, parmi lesquels Proudhon, Duranton, le président Troplong soutiennent la personnalité de la société d'acquêts.

Leurs arguments n'ont rien de spécial à notre espèce. Ils sont connus : certains articles (1401, 1409, 1410, etc.) où le législateur distingue formellement le patrimoine commun de celui des époux, et la similitude qui existe entre une société entre époux et une société entre étrangers, toutes deux, associations d'intérêts, et, enfin, ce fait que la société a un actif, un passif, une administration, une publicité spéciale. Toutes ces remarques justes en elles-mêmes, ne sont pas concluantes et ne pouvaient l'être contre le grand principe, qu'il n'y a de personnes morales que celles qui sont reconnues comme telles par le législateur. Aussi, pensons-nous, avec la majorité de la doctrine, que la société d'acquêts n'est pas une personne morale, n'a pas un patrimoine, des intérêts propres,

---

(1) *De l'Usuf.*, T., p. 279.

indépendants du patrimoine des intérêts des époux.
La jurisprudence est en notre sens. Voir sur ce
point : Cass., 18 avril 1860, et note de M. Marie sur
cet arrêt (1).

Après ces notions sur la société d'acquêts, nous
croyons pouvoir arriver à une définition. Voici celle
qui nous semble la meilleure.

La société d'acquêts est une modalité par laquelle
des époux mariés sous le régime dotal mettent en
commun les acquisitions qu'ils réalisent ensemble ou
séparément pendant le mariage, afin de se les partager lors de sa dissolution.

§ 3. — MODALITÉS DE LA SOCIÉTÉ D'ACQUÊTS.

Le principe même de la liberté des conventions matrimoniales, base de la société d'acquêts,
sert ainsi de fondement aux modifications que les
époux peuvent vouloir introduire dans les règles
ou les effets ordinaires d'une pareille association.
Aussi, sont-ils libres de modifier la société d'acquêts qu'ils ont adoptée en principe par telle clause

----

(1) En faveur de la première opinion, on peut citer deux documents de jurisprudence, un arrêt de Bordeaux du 23 janvier 1826, et un jugement du tribunal de Baume-les-Dames
du 4 mars 1858.

que bon leur semble, à la charge, toutefois, de respecter les prohibitions contenues dans les articles
1387 et suivants. Aussi, il est bien évident que l'on
ne saurait stipuler valablement une société d'acquêts
à terme ou sous condition suspensive, dans notre
opinion du moins.

Si, en fait, il était contrevenu à quelqu'une de ces
prohibitions, on peut se demander quelles seraient
les conséquences de cette faute. Annulerait-on l'ensemble des conventions matrimoniales des époux, et
étendrait-on au régime dotal le sort auquel est dé-
vouée une société d'acquêts faite dans de telles conditions, ou, au contraire, restreignant la nullité à la
société d'acquêts, placerait-on les époux sous le régime dotal? Cette question nous semble susceptible
d'une grande controverse. Des arguments sérieux
existent à l'appui, soit de l'une, soit de l'autre des
solutions. D'une part, en effet, l'indivisibilité des
conventions matrimoniales et le silence de la loi sur
la question semblent militer en faveur de la première
solution. De plus, on peut considérer la société d'acquêts comme une condition de l'adoption du régime
dotal ; cette condition étant illicite, on doit appliquer
l'article 1172 et annuler le contrat de mariage tout
entier.

D'autre part, ces raisons peuvent être contestées,
et alors, on dira que l'intention des parties a été
d'adopter en principe le régime dotal, sauf à le modifier par une société d'acquêts, que la perte de
l'accessoire ne doit entraîner celle du principal par
ce contrat de la manière *accessorum sequitur prin-*

cipale. Donc, on devra respecter le choix des époux dans ce qu'il a de licite, c'est-à-dire maintenir le régime dotal. Pour nous, ces raisons nous semblent préférables et, nous croyons qu'en pareil cas la nullité de la société d'acquêts n'en devrait pas moins laisser intact le régime dotal auquel elle avait été jointe (1).

Après ces généralités sur la liberté accordée par la loi aux époux dans le choix de leur contrat de mariage, passons à l'examen de trois questions spécialement intéressantes, qui se sont présentées touchant l'étendue de cette liberté.

La première est relative à la composition de la communauté d'acquêts. Nous verrons bientôt que la loi fait entrer dans l'actif de la société tous les acquêts réalisés par les époux, peu importe que leur nature soit mobilière ou immobilière.

Cette disposition est-elle impérative, s'impose-t-elle aux époux, ou bien ceux-ci peuvent-ils par convention expresse y déroger et réduire, par exemple, leur société aux acquêts immobiliers, telle est la question qui se présente.

---

(1) Nous n'avons rien découvert dans la jurisprudence qui fût relatif à cette question, mais elle ne nous semble pas moins susceptible d'être soulevée.

Il est bien évident que toute condition résolutoire annulerait la société d'acquêts à laquelle elle serait opposée. Cependant, nous lisons dans un article sur la matière, que d'un arrêt de Colmar, en date du 8 mars 1864, il résulte que de pareilles conditions étaient autrefois très-usitées en Alsace.

Remarquons d'abord qu'elle est d'une importance pratique considérable. Dans les premiers temps qui suivirent la rédaction du Code civil, les notaires normands avaient l'habitude de soumettre les époux au régime dotal avec la société d'acquêts immobiliers. La raison de cette préférence nous est donnée par MM. Rodière et Pont. « Si ces stipulations sont contemporaines de la législation nouvelle, dans les contrats de mariage passés en Normandie, c'est uniquement pour reproduire certaines particularités de leurs coutumes abrogées que les notaires de cette partie de la France ont imaginé cette stipulation, tout en maintenant le régime dotal. »

C'est à ce propos qu'on souleva la question de la validité d'une pareille stipulation. Zachariæ (1) et après lui Bellot des Minières la déclarent nulle.

La société d'acquêts est une modalité exceptionnelle du régime dotal. La loi a pris soin de l'autoriser en termes spéciaux, c'est une raison pour, ne pas dépasser ces termes et aller au delà des intentions du législateur. Tel est, en droit, leur raisonnement. En fait, ils se basent sur l'équité : ne serait-il pas injuste alors que les pouvoirs d'administration confiés au mari le laissent absolument libre dans le choix des biens qui serviront d'emploi aux économies sociales, de lui accorder la faculté de s'attribuer tout ce qu'il veut dans les biens acquis en commun, en faisant des acquisitions que leur nature rend impropres à tom-

---

(1) Aubry et Rau. Droit civil français, § 655, note 26, p. 80.

ber en commun, des acquisitions mobilières dans notre hypothèse. Ces arguments ne nous semblent pas devoir être suivis. Nous érigeons toujours en principe que l'adoption d'une société d'acquêts est due à la libre volonté des parties (1387) et non à la loi. Il suit de là que, de même que les contractants peuvent s'associer dans les termes prévus par la loi, de même ils peuvent à leur gré le faire en dehors de ces termes, pourvu que leur association ne contrarie aucune des dispositions prohibitives posées par le législateur; une société réduite aux acquêts immobiliers doit donc être validée. Quant à la grande latitude laissée au mari par cette stipulation, on ne saurait contester qu'elle ne puisse devenir funeste dans certains cas, qu'au pis aller, elle ne puisse faire profiter le mari de toutes les économies du ménage. Mais ce résultat, le pire que l'on puisse imaginer, ce résultat qui ne sera applicable à la femme que dans les cas très rares où cette attribution exclusive aura eu lieu sans fraude, ce résultat n'est-il pas de droit commun, soit dans le régime exclusif de communauté, soit dans le régime dotal avec constitution de tous biens présents et avenir, deux régimes que les parties contractantes étaient complétement libres d'adopter? A plus forte raison doivent-elles pouvoir se soumettre à une société réduite aux seuls acquêts immobiliers. Telles sont les conclusions que nous tirons de ces quelques considérations.

La majorité de la doctrine (1) et toute la jurispru-

---

(1) V. Aubry et Rau, § 522.

dence récente sont aussi en ce sens. (Cass., 21 janvier 1850, et 12 nov. 1852 (1).

Les deux clauses conventionnelles dont nous avons encore à parler, portent sur l'attribution des acquêts à la dissolution de la société. On se demande s'il est permis de stipuler que la totalité des acquêts ira au survivant des époux, ou sera réservée aux enfants à naître du mariage.

Examinons la première : les époux peuvent-ils convenir que la totalité des acquêts ira au survivant d'entre eux ? La validité d'une semblable clause n'est pas susceptible de controverse. Notre ancien Droit la reconnaissait sans hésitation, aujourd'hui elle résulte d'un *a fortiori* de l'article 1525 qui permet aux époux d'attribuer, par contrat de mariage, la totalité des acquêts à l'un d'eux individuellement désigné. Quant à sa nature, elle est restée de nos jours ce qu'elle était autrefois. A plusieurs reprises on a essayé de la faire passer pour une donation mutuelle, mais la jurisprudence a, non sans raison, repoussé cette interprétation.

Un arrêt de Paris, 12 juillet 1842, déclare que l'on ne doit pas s'arrêter aux termes de « donation mutuelle » qu'auraient employé les époux, mais qu'il faut aller au fond des choses et regarder comme à

---

(1) Il est à remarquer que les arrêts de la Cour suprême que nous citons, ne révoquent même pas en doute la validité de la stipulation dont il s'agit, mais se bornent à en régler les conséquences.

titre onéreux cette concession à cause de ce qu'elle contient. (Cassation, 29 janvier 1866.)

Deux remarques essentielles sont à faire à propos de notre stipulation.

I. — La Cour de Paris a, le 18 mars 1851, décidé, contre les conclusions de M. l'avocat général de Beaume, que l'attribution des acquêts au survivant était sujette à réduction dans les termes de l'article 1527, c'est-à-dire jusqu'à concurrence de la part d'enfant le moins prenant (1098), au cas où il y a des enfants de plusieurs lits. Un arrêt de Cassation du 13 juin 1855 confirma cette jurisprudence.

Voici ses motifs : 1° l'article 1527 a précisément été fait dans le but de prévenir le dommage que pourrait causer aux enfants d'un premier lit la faculté accordée par l'article 1525, de stipuler que la totalité des acquêts appartiendra au survivant des époux ; 2° si la solution de l'article 1525 est justifiable, c'est que les acquêts réservés au survivant parviendront, par son intermédiaire, aux enfants issus du mariage : ceux-ci ne subiraient donc qu'un retard de jouissance ; cette considération n'est plus exacte au cas où existent des enfants d'un premier lit ; la réserve des acquêts au survivant peut essentiellement les dépouiller absolument ; 3° *le contrat de mariage, objet de l'arrêt précité, mettait en commun, outre les acquêts, certains biens appartenant aux époux lors du mariage : c'est ce qui a motivé la décision de la Cour.*

De ces dernières considérations, nous tirons, rela-

tivement à la question qui nous occupe, deux principes :

1° Si la société comprend outre les acquêts un apport quelconque, le caractère principal de l'association ne l'empêchera pas d'être sujette à la réduction
de l'article 1527 ;

2° Si, au contraire, elle ne se compose que des
fruits du travail, de l'industrie des époux, aucune
réduction ne sera possible, car l'article 1527, paragraphe 3, y soustrait lui-même les biens de cette
sorte ;

II. — Il importe d'observer que l'attribution des acquêts au survivant, quoique n'étant pas une libéralité, n'en constitue pas moins un gain de survie et
que, par suite, la reprise des apports eu conséquence
de l'article 1527 ne peut s'effectuer qu'à la dissolution
du mariage, mais non en cas de séparation de corps
ou de biens. (Cass., 1er juin 1853). Cette décision est
spéciale au cas où il y a des apports dans le sens
de l'article 1527, c'est-à-dire au cas où la société
comprend, en vertu d'une stipulation expresse, une
partie des biens qui normalement auraient dû rester
propres aux époux.

Arrivons, enfin, au point de savoir si la réserve
des acquêts aux enfants à naître du mariage est licite. Parmi les questions relatives à la société d'acquêts, celle-ci est incontestablement une des plus
célèbres et, par l'importance qu'elle a dans la pratique et par l'acharnement avec lequel elle est discutée.

Une école fort nombreuse, qui compte parmi ses disciples Troplong, Rodière et Pont, se prononce pour la validité de la réserve contractuelle (1) des acquêts aux enfants. Tous les arguments présentés, soit par les jurisconsultes qui en font partie, soit par les arrêts qui ont adopté sa manière de voir, se ramènent à quatre principaux :

1º Les précédents historiques sont entièrement en ce sens. On sait que sous l'ancien Droit, la faculté de réserver les acquêts aux enfants à naître ne faisait pas l'ombre d'une difficulté. De là, une forte présomption pour que cette stipulation soit encore valable dans l'état actuel de notre législation, présomption confirmée du reste par les travaux préparatoires. Nous savons, en effet, que le représentant du Corps législatif, M. Duveyrier, s'est formellement prononcé pour la réversibilité des acquêts aux enfants. Cette proposition a été reproduite plus tard par un des rédacteurs du Code civil, M. Malleville (t. III, p. 347).

2º Les textes du Code sont en faveur de cette opinion. En principe (art. 1387), il proclame la liberté des conventions matrimoniales, et aucune disposition prohibitive ne vient interdire celle-ci. De plus, sa validité ressort de deux autres dispositions : A), de l'article 304, qui décide que le divorce ne privera

---

(1) Il ne peut être question, dans le silence de la loi, de réserve statutaire.

pas les enfants des avantages qui leur sont faits par contrat de mariage : donc, ces avantages sont licites. B), des articles 1802 et suivants, qui disposent que l'on peut faire une donation de biens à venir en faveur des époux et, à leur défaut, de leurs enfants : *a fortiori*, pareille disposition doit-elle être accessible aux époux en faveur de leurs enfants ;

3º Les principes généraux du Droit tendent ainsi à faire valider la réserve contractuelle. En effet, de l'article 1525, on doit conclure que cette réserve est un pacte de mariage et non une donation, qu'elle est un acte à titre onéreux comme le reconnaissait déjà Lapeyrère. (L. 1, nº 21.) Or, tout acte à titre onéreux est possible aux époux par contrat de mariage : pourquoi celui-ci ne le serait-il pas, alors que la non-existence des enfants au moment de cette convention n'est pas une cause de nullité, comme cela ressort des textes précités ?

4º Enfin, les raisons les plus puissantes, celles qui imposent notre solution, se puisent dans l'équité, dans la faveur que la loi attache au contrat de mariage, plus encore dans l'intérêt que mérite cette famille future, dont la procréation est le but que se sont proposé les époux en s'unissant, dont l'avenir mérite d'être l'objet des plus sérieuses préoccupations du législateur.

Une jurisprudence assez considérable a accueilli ces raisons et déclaré valable la clause de réversibilité des acquêts aux enfants. (Bordeaux, 14 mai 1824 ;

Lyon, 11 août 1832; Agen, 28 février 1848; Bordeaux, 23 janvier 1827) (1).

Pour nous, nous les repoussons par trois considérations :

1º On ne peut en cette matière raisonner de l'ancien Droit au nôtre, car le premier admettait la donation à cause de mort que rejette le second (d'après l'opinion la plus généralement reçue du moins), or nous verrons que nous sommes précisément ici en face d'une donation à cause de mort. Quant à l'opinion de Duveyrier, elle est loin d'être probante. D'abord, ce rapporteur n'a fait que l'énoncer sans la prouver aucunement; et l'on peut avancer sans témérité, qu'elle a peut-être été de sa part l'objet d'une assertion peu réfléchie. Du reste, alors même qu'on n'en conteste pas l'exactitude, on peut dire qu'elle vise,

---

(1) Bien que nous n'adoptions pas les conclusions de cette jurisprudence, il n'est pas moins intéressant de connaître les solutions auxquelles elle a donné naissance. Voici les principales :

1º La réserve des acquêts aux enfants est un acte à titre onéreux (Bordeaux, 14 mai 1824);

2º A la mort de celui des époux qui prédécède, la propriété de la part qu'a le survivant dans les acquêts passe aux enfants (Lyon, 11 août 1832; Agen, 28 février 1848);

3º Les enfants ne peuvent exiger du survivant des père et mère, caution pour la sûreté des acquêts qui restent en sa possession (Bordeaux, 23 janvier 1827);

4º Les enfants peuvent aliéner leur part d'acquêts du chef du survivant, bien qu'elle soit encore entre ses mains (Agen, 28 février 1848).

non pas la réversibilité contractuelle des acquêts, mais une stipulation fort licite, par laquelle les époux n'attribuent au survivant que l'usufruit des acquêts et, par le fait, transmettent au décès du prémourant la nue propriété de la totalité à leurs enfants;

2° Les textes invoqués en faveur de l'opinion ci-dessus exposée l'ont été à tort. D'abord, ce n'est point là le lieu d'application de l'article 1387, puisque l'article 1388 réserve expressément l'application des dispositions prohibitives, et qu'il s'agit précisément de savoir si la réserve contractuelle des acquêts tombe ou ne tombe pas sous une de ces dispositions. Les autres articles allégués, 304, 1088 et suivants, ont été étendus hors de leurs cas d'application. Spécialement, on ne doit pas raisonner par analogie des articles 1082 et suivants, qui consacrent des règles exceptionnelles : quant à l'article 304, il peut fort bien s'appliquer en dehors de toute controverse, en admettant qu'il se réfère aux avantages accordés subsidiairement aux enfants par les articles 1082 et suivants. Quant à l'application des principes généraux du Droit, elle suppose que la réserve contractuelle serait un acte à titre onéreux ; nous déciderons tout à l'heure le contraire;

3° Enfin, observons que toutes les raisons d'équité, quelques puissantes qu'elles soient, ne peuvent prévaloir sur le texte de la loi, il est donc inutile de les faire intervenir pour la solution d'une question qui doit se vider à l'aide des seuls principes du droit. Après avoir reconnu le peu de fondement des arguments mis en avant par l'opinion que nous venons de combattre, nous croyons que la question doit être résolue dans le sens de la négative, que, par conséquent, on doit décider que la réserve des acquêts aux enfants à naître est illicite dans notre Droit.

Cette solution résulte de trois propositions que nous allons démontrer : 1° la réserve contractuelle est contraire au texte de la loi; 2° elle n'est pas conforme aux principes généraux du Droit; 3° elle aboutit à une solution peu équitable :

1° *Elle est contraire aux textes de la loi.* — La réversibilité des acquêts aux enfants à naître viole ouvertement plusieurs textes du Code civil. Ainsi, elle est faite au profit d'enfants à naître, non encore existants au moment de l'acte de disposition dont ils profitent au mépris de l'article 906. Elle règle, dès le moment du décès d'un conjoint, le sort des biens de certaine nature que l'autre époux possédera au moment de sa mort et par là conduit à autoriser des pactes sur succession future (1130). Elle intervient entre les époux et réalise directement ses effets sur la tête de personnes qui leur sont étrangères ; par là elle tombe sous le coup de l'article 1119.

Enfin, au cas où, soit par suite des termes du contrat, soit par l'exercice du droit d'élection, tous les enfants ne sont pas réservataires ou le sont pour des parts inégales, elle dérange l'ordre légal des successions et est nulle par le fait (1389). En résumé, on le voit, cette stipulation se heurte de toutes parts à des dispositions formelles de la loi ; elle leur est contraire et l'on voudrait cependant qu'elle fût licite, alors qu'aucun texte spécial n'est là pour l'autoriser !

2° Elle n'est pas conforme aux principes généraux du Droit. — Nous entendons par là que valider la réserve contractuelle serait relever une institution de l'ancien Droit que notre législation a proscrite, la donation à cause de mort. Nous avons vu que, dans l'ancien Droit, si la réserve contractuelle était regardée entre les époux comme étant une convention à titre onéreux, à l'égard des enfants, les bénéficiaires, c'était une donation à cause de mort. Telle est l'opinion professée par Tessier. L'argument historique, tiré de Lapeyrère, ne saurait donc nous convaincre et nous attribuons à une inexactitude les paroles de l'apostillateur qui ont servi de base à ce raisonnement. La réserve, du reste, est restée aujourd'hui ce qu'elle était autrefois : convention conclue entre-vifs et sur des biens qui existeront lors du décès du donateur, elle présente bien les caractères d'une donation pour cause de mort ; par suite, elle doit être prohibée, aux termes de l'article 893, C. civil. Du reste, elle ne rentre pas dans les exceptions apportées par les articles 1082 et suiv. au principe de l'article 893.

En effet, ces exceptions présentent toutes un caractère commun, c'est d'être faites directement au profit des époux. Ce caractère qui justifie leur introduction manque précisément au pacte de réserve ; pour toutes ces raisons, il doit être déclaré nul.

3° Elle aboutit à des effets peu équitables. — En

apparence, la réversibilité des acquêts se recommande surtout par son équité, et c'est là le principal argument que ses partisans font valoir en sa faveur. Si l'on va au fond des choses, on ne tarde pas à reconnaître que même au point de vue de l'équité, il vaut mieux que la réserve soit proscrite. Nous avons vu en traitant de ses effets dans la partie historique de notre étude, qu'elle ne constitue une garantie sérieuse pour les enfants, qu'à partir du décès du prémourant des époux; auparavant, le droit de disposition du mari sur les acquêts reste absolu.

D'autre part, la réversibilité présente de graves inconvénients : elle est pour les enfants la source d'une inégalité fâcheuse dans la succession de leurs parents, et cette raison, à notre avis, suffisait elle seule pour la faire proscrire par le législateur du Code civil encore sous le coup des idées d'égalité absolue qui ont signalé de droit successoral intermédiaire.

Enfin, elle prive le survivant des époux du droit de disposer de sa part dans les acquêts, c'est-à-dire du fruit de son industrie, de son travail, de son épargne. C'est à ce point de vue surtout qu'elle nous paraît peu équitable.

La solution négative que nous avons essayé de justifier est celle de M. Tessier, dans son excellent *Traité de la société d'acquêts.*

Après lui, elle a été professée par le plus grand nombre des jurisconsultes modernes; enfin, elle est aujourd'hui d'une jurisprudence constante. (Bordeaux, 18 août 1864 ; *id.*, 23 août 1865.)

Nous avons épuisé l'objet de notre premier chapitre, les *Notions générales sur la société d'acquêts*.
Nous allons maintenant traiter de sa composition
normale, telle qu'elle résulte des textes du Code.

CHAPITRE II.

Composition de la Société d'acquêts.

La société d'acquêts constituant un patrimoine *une universitas juris* a un actif et un passif. Bien que l'un et l'autre lui soit communs, avec la communauté d'acquêts nous ne pouvons nous dispenser de traiter en détail un sujet qui est le véritable siége de la matière ; une étude complète est nécessaire à la pleine intelligence des règles spéciales que nous aborderons ensuite ; si l'on ne savait tout d'abord comment se compose un patrimoine, comment pourrait-on sciemment apprécier la portée des principes qui doivent le gouverner?

Notre chapitre sera subdivisé en deux sections dont l'une comprendra l'actif, l'autre le passif de la société.

———

SECTION Ire.

DE L'ACTIF.

Nous traiterons séparément des biens acquêts et des biens propres.

A. Acquêts. — « On entend par acquêts, nous disent Aubry et Rau, tout ce que, pendant la durée de la société, les époux acquièrent ensemble ou séparément à titre onéreux, et tout ce qui, pendant le même intervalle de temps, provient de leur industrie, c'est-à-dire les gains et profits qu'ils retirent de l'exercice de talents, de capacités ou d'aptitudes quelconques. (1) » Cette définition est fort précieuse en ce qu'elle nous donne une idée claire de la composition du patrimoine social. Elle présente cependant un grand défaut, car elle ne fait aucune mention de l'usufruit des biens des époux, usufruit qui cependant constitue un des éléments principaux de l'actif social. Cet oubli réparé, nous voyons que toute société d'acquêts se compose de trois sortes de biens, à savoir : 1° l'usufruit des biens propres

---

(1) Droit civil, § 522.

aux époux; 2° les produits de leur industrie; 3° les acquisitions qu'ils réalisent pendant la durée de la société. Nous allons examiner successivement ces trois éléments qui diffèrent quant à leur nature, mais sont égaux en importance.

§ 1er. — Usufruit des biens propres.

Appliquée au droit de jouissance que la loi concède à la société d'acquêts sur les biens des époux, la qualification d'usufruit n'est pas rigoureusemet exacte. On peut trouver de nombreuses différences entre le droit de la société et l'usufruit proprement dit, principalement au point de vue des droits d'administration du titulaire.

Cependant, comme au point de vue de la jouissance des fruits, le seul qui nous occupe en ce moment, ces deux institutions sont presque identiques, on nous permettra, pour faciliter notre exposition, d'appliquer au droit *sui generis* de la société la dénomination d'usufruit.

La société d'acquêts recueille les fruits des biens propres aux époux et en profite. En droit, cette jouissance ne saurait lui être contestée. Elle résulte en effet des termes de l'article 1498, qui, en faisant figurer au partage les économics faites sur les fruits et revenus des biens propres aux époux, implique par cela même que ces produits devaient entrer en société. Cette prescription de la loi est, du reste, parfaitement conforme à la nature de la société d'acquêts. En s'associant, les époux n'ont pas eu de but plus direct que la mise en commun de leurs revenus; cette unité de jouissance est la base nécessaire de l'unité d'intérêts qu'ils ont entendu établir entre eux, elle est un élément essentiel à la société d'acquêts.

On connaît la définition romaine de l'usufruit (1) : elle le décompose en deux éléments : l'*usus* et le *fructus*, que nous allons appliquer à la société d'acquêts.

Usus. — La société d'acquêts, c'est-à-dire les époux en tant que communs, leurs enfants, le ménage, en un mot, a le droit d'user des biens propres aux époux suivant la destination de chacun d'eux.

C'est le mari, chef de la société, qui réglera en cette qualité l'usage auquel sa situation d'usufruitier lui donne droit. Il l'exercera soit sur ses biens propres, soit sur ceux de la femme, selon son gré. Ainsi cette dernière ne pourrait s'opposer à l'installation de la famille dans un immeuble à elle appartenant, au transfert d'une galerie de tableaux, d'un service d'argenterie très précieux, de sa maison dans celle du mari pour l'usage de la famille. Enfin, un époux n'aurait nulle plainte à élever, alors même

---

(1) Usus fructus est jus alienis rebus utendi fruendi, salva rerum substantia. (Just., lib. II, t. IV, pr.)

que la société aurait établi chez lui, dans un de ses propres, l'industrie en vue de laquelle elle s'est formée. En tout cas, un point est à observer, c'est que la destination de la chose ne doit pas être changée. A cette condition, tout usage est possible et licite.

Fructus. — Le droit le plus important que donne l'usufruit consiste à faire gagner les fruits de la chose. La société d'acquêts fait donc siens les fruits des propres de l'un et de l'autre des époux, sans distinction de nature ou de qualité (1). Voyons successivement sur quels objets s'exerce ce droit de la société et de quelle façon.

« On appelle *fruits* les objets que la chose produit et reproduit sans altération de sa substance (2). De cette définition, il résulte que pour constituer un fruit, la réunion de deux caractères est nécessaire, mais suffisante : 1° la chose doit avoir été destinée à produire les fruits soit par sa nature, soit par la volonté du propriétaire ; 2° les fruits doivent être perçus périodiquement.

Parmi les produits issus d'une chose, les uns sont nécessairement des fruits, les autres ont quelquefois ce caractère, d'autres enfin ne l'ont jamais. En par-

---

(1) Nous rejetons en sous lieu toute controverse sur le point de savoir si les fruits des paraphernaux tombent dans la société d'acquêts.

(2) Demolombe, *Distinction des biens,* t. II, n° 271.

courant successivement ces trois catégories, nous
reconnaîtrons facilement quels sont les fruits et,
par suite, sur quels objets porte le droit de la société
d'acquêts.

Il est des produits qui revêtent nécessairement le
caractère de fruits, ce sont ceux qui naissent périodiquement et que la chose est par sa nature même
destinée à fournir. Encore que la production de ces
fruits exige une destination naturelle de l'objet de
l'usufruit, cette destination seule n'est pas toujours
suffisante ; lorsqu'elle l'est, les fruits sont appelés
naturels. Dans cette catégorie rentrent la laine, le
croît des animaux. Mais souvent l'industrie de
l'homme doit venir se joindre à la nature ; la plupart
des récoltes, le blé, les pommes de terre, l'élevage
des vers à soie, nous en offrent des exemples : ce
sont des fruits industriels. Enfin, il arrive dans certains cas que l'élément industriel joue dans la production du fruit le rôle prépondérant ; aussi cela a
lieu pour les fruits civils, catégorie qui comprend les
revenus et arrérages provenant des prêts d'argent ou
des constitutions de rentes. Ce n'est qu'en vertu
d'une extension du mot fruits qu'il a été appliqué à
ces sortes de produits qui, en réalité ne doivent leur
naissance qu'aux conventions humaines.

Nous avons deux remarques à faire sur les fruits
de la première catégorie :

1° Les loyers des baux à ferme qui étaient dans
notre ancien Droit considérés comme fruits industriels
sont aujourd'hui, grâce à une analyse plus exacte de
leur nature, réputés des fruits civils (584, § 2) ;

2° Bien que nous ayons qualifié d'élément essentiel à la société d'acquêts l'usufruit des biens des époux, il ne faut pas en conclure que les fruits de tous les biens propres doivent nécessairement entrer en société.

Les époux peuvent valablement, par stipulation expresse, se réserver comme propres les fruits de tels ou tels de leurs biens; de même, ils peuvent par contrat affecter une part de leurs revenus à une destination particulière, l'amortissement d'une dette antérieure au mariage, par exemple.

Nous disons que cette réserve doit être faite par contrat de mariage; si, en effet, l'affectation de certaine part des revenus des époux à un amortissement résultait d'un contrat passé par l'un d'eux avec un tiers antérieurement au mariage, elle ne serait pas opposable aux droits de la société d'acquêts postérieurement formée.

Sans doute, lesdits revenus ne pourraient, au mépris des droits du tiers, être distraits de leur destination contractuelle, mais une récompense égale à la capitalisation effectuée compenserait la perte qu'elle aurait fait éprouver à la société. Ainsi a été jugé par la Cour de Paris, le 21 janvier 1871, et par la Cour de Cassation, le 20 août 1872. La question, toutefois, est controversée, et M. Labbé enseigne, en particulier, que la convention passée par le futur époux est parfaitement opposable aux droits de la société d'acquêts. Pour nous, l'avis de la jurisprudence nous semble préférable.

Après cette première catégorie, qui, comme on l'a

vu, embrasse presque la totalité des fruits, vient une seconde classe, moins importante, mais plus curieuse : c'est celle des produits qui, selon les circonstances, constituent ou ne constituent pas des fruits. Ils présentent deux caractères spéciaux : 1º leur qualité tient non plus à la nature de la chose qui leur donne naissance, mais à la volonté de son propriétaire ; 2º ils ne sont pas doués du caractère de périodicité qui distingue les fruits de la première classe.

De cette dernière remarque, on doit conclure que si ces produits sont quelquefois considérés comme des fruits, c'est par suite d'une sorte de fiction légale, car ne se reproduisant pas à intervalles réguliers, ils constituent naturellement des parties intégrantes de la chose et non des fruits. Dans cette catégorie, nous rangerons les coupes des bois de haute futaie, les minéraux extraits des carrières et même des mines sous l'empire de l'article 1403 du Code civil, c'est-à-dire antérieurement à la loi du 21 avril 1810. Pour tous ces biens, une distinction est à faire : si l'exploitation en a été commencée avant le mariage, et qu'à cette époque, les biens fussent aménagés, les carrières et mines ouvertes et exploitées, les produits que l'on en retire sont considérés comme des fruits, parce qu'ils constituent pour l'époux un véritable revenu qui doit tomber en commun ; si, au contraire, l'exploitation est postérieure en date à l'union des conjoints, elle ne donne plus naissance à des fruits, mais à de simples produits qui sont exclusivement attribués à l'époux propriétaire du fonds ; celui-ci, en effet, lorsqu'il s'est marié, lorsqu'il a mis ses revenus en commun, s'est réservé en propre ce bois, cette carrière ; on ne pourrait, sans blesser ses intentions, faire tomber en société les parties de ce capital propre, qu'il juge ensuite à propos de détacher de la masse.

Depuis la loi du 21 avril 1810, toute mine (art. 7 et 8) est l'objet d'une propriété immobilière spéciale, indépendante de celle de la surface. Les minéraux extraits sont considérés comme les fruits de cette propriété. Aussi doivent-ils toujours, quelle que soit l'époque à laquelle a commencé l'exploitation, tomber dans l'actif de la société d'acquêts.

Par contre, nous trouvons encore à ce sujet une valeur qui pouvant, selon les cas, être ou n'être pas considérée comme un fruit, rentre par cela même dans notre seconde catégorie. Nous voulons parler des redevances dues au propriétaire de la surface par le concessionnaire de la mine. Ou elles représentent une diminution de jouissance, et alors elles consistent le plus souvent en prestations périodiques, et doivent, en qualité de revenu, tomber en société ; ou, au contraire, elles compensent une atteinte portée à la propriété même de la surface, et appartiennent au propriétaire ; seuls, les intérêts qu'elles peuvent produire tomberont en commun.

Arrivons, enfin, à la troisième branche de notre division, aux produits qui ne peuvent en aucun cas revêtir la qualité de fruits. Ceux-ci étant toujours regardés comme des fractions du fonds duquel ils sont tirés, en suivront le sort, on les attribuera donc à son propriétaire.

Ils nous intéressent donc fort peu ; qu'il nous suffise de mentionner cette particularité, que les Romains
rangeaient dans cette catégorie le part de l'esclave (1),
et qu'aujourd'hui, on y trouve, soit les matériaux
provenant de la démolition d'un édifice, soit la part
de trésor attribuée *jure soli* au propriétaire du fonds
sur lequel il a été trouvé.

Enfin, nous regardons comme de même nature
les arbres déracinés par le vent, toutefois, avec une
restriction ; si la chute des arbres était assez habi-
tuelle sur un fonds pour être précomptée sur la
coupe annuelle, on devrait attribuer à la société
d'acquêts les chablis ou arbres ainsi déracinés. La
question, agitée devant la Cour de Nancy, a été dé-
cidée en ce sens, par arrêt du 26 février 1870, et la
Cour de Cassation, le 21 août 1871, confirma cette
jurisprudence.

Tels sont les fruits. Voyons maintenant comment
ils se recueillent, en d'autres termes, quel est le mode
d'exercice de l'usufruit appartenant à la société. Cette
question se résout en une distinction fort simple,
par application des règles de l'usufruit, entre les fruits
naturels ou industriels d'une part, et les fruits civils
de l'autre. Les fruits naturels et industriels s'acquièrent par la séparation ; quelle que soit la cause de cette
séparation, peu importe, il suffit qu'elle se produise
pour faire du fruit la chose de l'usufruitier. Quant
aux fruits civils (586), ils obéissent à d'autres règles :

_____

(1) Instit., lib. ii, tit. 1, § 37.

il n'y a pas lieu pour eux de s'occuper de leur échéance, ils s'acquièrent au fur et à mesure de la jouissance, jour par jour. La société d'acquêts a droit à autant de fois le 365ᵉ du revenu annuel d'une créance ou d'une rente, que sa jouissance sur elle a duré de jours.

Ces règles, d'une application facile, mettraient fin à notre étude sur le premier élément de l'actif d'une société d'acquêts, s'il ne s'élevait sur ce sujet lui-même une difficulté sérieuse qu'il nous reste à traiter.

Comment réglera-t-on la perception des fruits au commencement et à la fin de l'association, alors que la société et l'époux propriétaire voient leurs droits en conflit sur les fruits alors existants? Telle est la question. Il est bien évident qu'elle ne peut se poser pour des fruits civils dont la perception quotidienne lève toute difficulté. Mais, à qui appartiendront les fruits naturels pendants par branches ou par racines au début et à la fin de la société? Pour ceux qui existent lors du mariage, on les attribue à la société, par application de l'article 585, tout le monde est d'accord sur ce point. On reconnaît généralement aussi que les fruits pendants à la dissolution appartiennent exclusivement à l'époux propriétaire du fonds, que l'on appliquera à cette hypothèse les règles de la communauté légale et non celles du régime dotal. En effet : 1° il s'agit ici des fruits produits par le fonds commun, et aucune raison n'écarte l'application du renvoi de l'article 1581 ; 2° ce serait faire une situation défavorable à l'époux,

que de l'obliger à céder à la société une part des
fruits pendants lors de la dissolution, alors qu'au
début de la société, il s'est vu forcé à les abandonner dans leur intégralité au fonds social; 3° enfin, l'article 1571, si on l'appliquait, ne pourrait régir
que les biens de la femme : on aboutirait donc à faire
sur ce point à deux époux associés une situation
différente, et cela, au détriment des droits de la
femme, c'est-à-dire du conjoint dont les intérêts sont
l'objet tout spécial de la protection de la loi! Ces raisons ont décidé la jurisprudence à se prononcer conformément à notre sens. (Rouen, 3 mars 1853.)

Ces points préliminaires établis, abordons la vraie
difficulté. On sait que l'on n'applique l'article 585 aux
époux communs, que sous le rapport de l'attribution
des fruits pendants, mais qu'en même temps, dans
le but de maintenir l'égalité qui doit toujours régner
entre époux associés, on impose au conjoint propriétaire qui recueille les fruits pendants à la dissolution,
une récompense égale aux frais faits pour les produire, récompense dite de labours et semences. Pareille indemnité est-elle due sous le régime de société
d'acquêts et, si oui, dans quel cas? telle est la question qui se pose. Trois opinions se partagent la solution de cette difficulté.

La première se borne à appliquer à l'article 585 les
règles de l'usufruit ordinaire. La formule est, qu'il
n'est dû de récompense, ni par la société à sa formation, ni par l'époux propriétaire à la dissolution.
Deux arguments sont invoqués en sa faveur. On ex-
cipe d'abord de la similitude générale qui existe entre

l'usufruit ordinaire et le droit de jouissance de la société sur les propres des époux ; cette similitude doit,
dans les questions douteuses, servir de guide, et conduit à étendre au second les règles expressément posées par le législateur pour le premier. On fait ressortir, en second lieu, et sa simplicité et son équité.
D'une part, en appliquant le principe posé par l'article 585, elle évite tout compte, tout embarras ;
de l'autre, elle ne consacrera le plus souvent qu'une
compensation qui existera en réalité entre les frais
faits par l'époux propriétaire avant son mariage, et
les dépenses que la société se sera imposées avant
sa dissolution.

Bien qu'elle soit consacrée par quelques monuments de jurisprudence, entre autres un arrêt de
Bordeaux du 3 février 1873, cette opinion a en
somme réuni peu de suffrages. On lui reproche, non
sans raison, d'appliquer à une société de nature
exceptionnelle des règles qui n'ont nullement été
faites pour elle. Si l'article 1581 renvoie aux articles
1498-1499 et par là aux articles 1401 et suivants,
par contre ne renvoie-t-il ni de près ni de loin à
l'article 585. De plus, sous une apparence de simplicité et de justice, elle ne fait que consacrer l'ar-
bitraire : si quelquefois par hasard elle aboutit à
une solution équitable, le plus souvent elle sera pour
l'un des époux la source d'un gain réalisé aux
dépens de la société ou réciproquement. Elle nous
semble donc devoir être rejetée.

Une autre solution nous est présentée par M. Troplong. Celle-ci est loin d'être absolue comme la

précédente. Elle distingue entre le début et la fin
de la société. A cette dernière époque une récompense devra être rapportée en société par l'époux
qui recueillera les fruits alors pendants : les fruits,
en effet, ne doivent être regardés comme tels que
déduction faite des dépenses nécessitées par leur
production, *non sunt fructus nisi deductis impensis*.

Au contraire la société ne devra, alors même
qu'elle trouvera lors de sa formation des fruits encore
pendants sur les propres des époux, aucune indemnité. En effet, telle est la solution donnée pour la
communauté légale, solution à laquelle, en l'absence
de tout texte, nous ramène naturellement l'article
1528. De plus, l'intention de l'époux propriétaire est
évidente : par le fait de son mariage, il communique
à son conjoint la jouissance de ses propres, tels qu'ils
se trouvent en ce moment, c'est-à-dire avec les
frais qu'il a faits pour les mettre en cet état : s'il
avait voulu faire quelque réserve, rien de plus facile
que de l'exprimer dans son contrat de mariage.

Cette opinion, bien que plus rationnelle que la
première, ne saurait nous séduire. Sans doute la
maxime, *non sunt fructus nisi deductis impensis*,
qu'elle érige en principe, est la nôtre, mais nous ne
pouvons nous expliquer la dérogation qu'elle y
apporte. Cette dérogation existe sous la communauté
légale, c'est incontestable, mais elle a pour cela un
motif tout particulier ; à quoi bon grever la communauté d'une récompense quelconque alors que, comprenant dans un actif le mobilier des époux au moment du mariage, elle en serait à la fois créancière

et débitrice. Il y aurait là un luxe inutile d'expression, il vaut mieux décider qu'il n'y a pas lieu à récompense.

Mais en notre matière il n'en n'est plus du tout de même. Le mobilier présent des époux reste propre : la récompense que leur devra la communauté pour labours et semences leur sera personnelle : pourquoi, dès lors, écarter le principe général de l'égalité? C'est, au contraire, le cas, en vertu de la règle de la subordination des effets aux causes, de l'appliquer. On ne saurait sérieusement alléguer l'intention des époux. La présomption admise par M. Troplong tombe, si l'on remarque qu'à défaut de stipulation expresse, on doit appliquer les principes généraux du droit ; or, ces principes sont qu'il n'y a de fruits que déduction faite des frais employés à les produire.

Pour toutes ces raisons, nous préférons appliquer en tous cas la règle générale et décider que la récompense pour frais de labours et semences sera due, soit au début, soit à la fin de la société. Cette solution, qui seule met sur un pied d'égalité les époux et la société, est celle de la majorité de la doctrine et de la jurisprudence.

Remarquons en finissant qu'il se pourra, en fait, que dans certaines hypothèses la compensation érigée en principe par le premier système soit possible ; en pareil cas on supprimera avec raison toute récompense. C'est ce qu'a jugé Limoges, 31 août 1863.

§ II. — Produits de l'industrie des époux.

Associés aux acquêts, les époux ne travaillent désormais plus dans leur intérêt personnel ; le produit de leur industrie, le fruit de leurs peines appartiennent à la société qu'ils ont formée. S'il fallait un texte pour démontrer cette proposition, nous citerions l'article 1498 qui est formel, mais elle résulte directement de l'idée d'association qui préside à la constitution d'une société d'acquêts, ce nouveau lien destiné à unir de plus près encore les deux époux. Que la communauté de travaux des conjoints soit logique et utile, personne ne saurait le révoquer en doute ; aussi nous croyons inutile d'insister sur ses avantages. Du reste ce n'est point là notre œuvre ; nous devons nous borner à en examiner les conséquences à un point de vue exclusivement juridique.

Il importe de remarquer, tout d'abord, que les rédacteurs du Code ont commis une légère inexactitude en disant, dans l'article 1498, paragraphe 2, que « le partage se borne aux acquêts... provenant tant de l'industrie *commune* que des économies, etc. »

En parlant d'industrie commune la loi a statué *de eo quod plerumque fit*, mais elle n'a pas entendu exclure de la société les produits de l'industrie particulière des époux, comme pourraient le faire croire les termes de l'article 1498. Ces expressions n'ont, il est vrai, trompé personne; tout le monde reconnaît que l'article 1498 doit s'entendre aussi bien d'une industrie particulière, que d'une industrie commune, en un mot que la disposition qu'il consacre est absolument générale. De là nous tirons immédiatement deux conséquences :

1° Il importe peu que l'industrie exercée par les époux soit honnête ou déshonnête, et le mari ne pourrait se refuser à verser dans la masse commune des bénéfices par lui réalisés sous prétexte qu'ils viennent de l'exercice d'un métier illicite, celui de contrebandier par exemple.

2° Dans l'attribution à la société des gains acquis par les époux, il faut s'inquiéter de l'époque où a été fait le travail dont ils sont la conséquence et non de celle où ils ont été perçus. Ainsi, il a été décidé que les bénéfices provenant d'une série de travaux accomplis pendant la durée de la société font partie de la masse commune, encore qu'ils n'aient été perçus qu'après la dissolution. (Cass., 29 janvier 1872.)

Il ne serait ni utile, ni intéressant de s'attarder plus longtemps sur les généralités relatives à l'industrie des époux. Par contre, nombre de questions aussi importantes que controversées se sont élevées sur la portée du mot industrie. Nous nous en occuperons désormais exclusivement. Nous traiterons successivement : 1° de la propriété littéraire, artistique et industrielle ; 2° des offices ministériels ; 3° des concessions accordées par l'Etat ; 4° des gratifications nationales ; 5° des gains dus en partie plus ou moins grande au hasard.

D

1° *Propriété littéraire, artistique et industrielle.*
— A Athènes, à Rome, dans les législations anciennes en général, le droit de reproduire les
ouvrages était ouvert au premier venu ; il ne vint à
l'idée d'aucun législateur d'en faire un privilége exclusivement attribué à l'auteur. Dans notre ancien
Droit, nous voyons des arrêts du Conseil de 1777 et
1778 accorder les premiers à l'auteur d'un ouvrage
le droit exclusif de le reproduire. Mais ce droit avait
un caractère essentiellement personnel qui l'empê-
chait de tomber dans une société formée entre
époux.

Ce qu'on est convenu d'appeler le droit de propriété littéraire, artistique ou industrielle a été, dans
notre Droit, l'objet de lois nombreuses, dont la première remonte à 1791, et la dernière date du 14
juillet 1866. D'après cette dernière loi, qui nous régit
actuellement, l'auteur de toute œuvre littéraire ou
artistique a le droit exclusif de la reproduire, droit
qui appartient encore à ses héritiers pendant les cin-
quante années qui suivent son décès. Quant à l'auteur
d'une découverte industrielle, la loi du 5 juillet 1844,
consacre en sa faveur un privilége analogue, quoique
moindre dans sa durée.

En cet état de législation, on a controversé la
question de savoir si ce droit accordé aux auteurs était,
comme son nom l'indique, un véritable droit de propriété. Cette controverse importe peu à notre sujet ;
qu'il nous suffise donc de dire que l'on ne reconnaît
point là une véritable propriété, mais une simple
concession temporaire faite par l'Etat à l'auteur et à

ses héritiers (1). Ces concessions, si elles sont faites *constante matrimonio*, tombent-elles en société d'acquêts , telle est la question qui nous intéresse.

Il n'est pas douteux que le produit des éditions, ce qui peut être regardé comme le revenu de la concession, tombe en commun à titre de fruit ; mais pour ce qui est de la concession elle-même, la question se complique et a donné lieu à une controverse. Aux yeux de Toullier et de Battur on doit la considérer comme demeurant propre , une concession est un privilége tout personnel, par le fait même , elle ne saurait tomber en commun. Nous ne citons cette opinion que pour mémoire et pour remarquer qu'elle se contredit étrangement , car elle fait tomber en commun le prix qui provient de la cession de la propriété d'un ouvrage, tout en refusant énergiquement de regarder comme faisant partie de l'actif social, cette propriété elle-même. Son principal argument consistait dans la rédaction un peu embarrassée de l'article 39 d'un décret du 5 février 1850. Ce décret est aujourd'hui abrogé ; aussi reconnaît-on généralement que la propriété littéraire ou artistique, comme la propriété industrielle, tombe en société si elle est due au travail, à l'industrie des époux. Nous ne pouvons que donner notre assentiment à cette solution qui se recommande par les noms de Duranton (t. XIV, nº 131), de Taulier (t. v, p. 46), de Rodière et Pont

_____

(1) Ces détails sont puisés dans le discours de M. Trouiller, à la rentrée des Facultés, le 22 avril 1877.

(t. II, n° 1242), d'Aubry et Rau (§ 522). Elle nous semble parfaitement conforme à la nature des choses : la production d'un ouvrage n'est qu'une forme de l'industrie de l'époux qui en est l'auteur ; la concession exclusive que lui fait l'Etat ne tient en rien d'une donation ; c'est une simple récompense de ses travaux et de ses peines, un équivalent de l'avantage que la publication de son ouvrage, de sa découverte, doit causer à la chose publique.

Dès lors, la faire entrer en société n'a rien que de très logique, et l'article 1er, paragraphe 2, de la loi du 14 juillet 1866, en consacrant implicitement notre solution, n'a fait qu'appliquer les principes généraux du droit (1).

2° *Offices ministériels.* — Personne ne conteste que les bénéfices provenant d'une charge d'officier ministériel ne tombent en société. Il en est de même à pareil titre de la *pratique* acquise par l'office pendant le mariage (Bordeaux, 2 juillet 1840). Par contre, la concession de l'office à son titulaire par le chef de l'Etat est-elle de nature à entrer en société ? Si cette concession a été la suite d'un abandon à titre onéreux, fait par l'ancien titulaire au nouveau,

---

(1) Il faut tempérer par deux remarques la théorie que nous venons d'exposer : 1° l'ouvrage reste propre à son auteur, quand, dans l'intention de celui-ci, il n'est pas destiné à la publicité ; 2° Alors même qu'un ouvrage fait partie de la société, on accorde toujours à l'auteur ou à ses héritiers le droit de le prélever à la dissolution, sauf récompense à la société.

la question ne saurait être l'objet d'un doute : la valeur vénale de l'office entre en société comme acquisition réalisée au cours du mariage. Pour que la question se pose, il faut donc supposer l'une ou l'autre de
deux hypothèses : 1° l'office a été concédé gratuitement au titulaire par le chef de l'Etat ; il y a eu
création d'une nouvelle charge ; 2° l'office antérieur
dans son existence à la loi du 28 avril 1816 acquiert,
par suite de cette loi, la valeur marchande qui lui
faisait complétement défaut auparavant.

Devrions-nous, dans ces deux cas, faire tomber
l'office en société ? La question est fort douteuse.
Une première opinion se fonde sur l'autorité de l'ancienne jurisprudence du Parlement de Bordeaux pour
laisser l'office en propre au mari. Elle allègue, à
l'appui de cette solution, et la personnalité et l'indivisibilité de la qualité d'officier ministériel. Enfin,
elle prétend que le titre d'acquisition de l'officier a
été lucratif et doit, par suite, prévenir la chute de sa
charge en société. Une jurisprudence assez considérable adopte ces raisons. (Metz, 24 déc. 1835 ; Bordeaux, 2 juillet 1840 ; Tribunal de la Seine, 22 avril
1868.) Quant à nous, nous les rejetons.

La personnalité du titre d'officier ministériel n'est
pas un motif assez puissant pour que sa charge constitue un propre ; elle sert uniquement à justifier le
prélèvement de l'office, lors de la dissolution. Quant
au caractère lucratif du titre de l'officier, il est contestable : il nous semble au contraire que, ni dans
l'une, ni dans l'autre des deux hypothèses, le chef de
l'Etat n'a eu l'intention de faire une libéralité, qu'il a

accordé une charge à telle ou telle personne en raison
de ses talents, de sa capacité, de son industrie, en un
mot, qu'à pareil titre, cette charge doit tomber en
commun. Quant aux offices auxquels la loi du
28 avril 1816 a conféré une valeur, ils n'ont été l'objet
d'aucune libéralité et la valeur vénale à eux attribuée
n'est autre chose qu'un équivalent du supplément de
cautionnement exigé à cette époque des titulaires desdits offices. L'opinion que nous venons d'exposer en
dernier lieu a été adoptée par la doctrine tout entière et
par une bonne partie de la jurisprudence. (Douai, 15
nov. 1833 ; Agen, 2 déc. 1836 ; Pau, 4 janv. 1853.)
Nous n'en avons pas fini avec les offices ministériels.
La nature exceptionnelle des biens de cette espèce
donne naissance à une foule de questions intéressantes. En notre matière, un point encore est à examiner : que doit-on décider de la plus-value d'un
office ministériel ; doit-elle suivre le sort de l'office,
ou tomber toujours en société comme produite par
l'industrie du mari (1) ? La jurisprudence tout entière se prononce pour ce dernier parti. La plus-
value de l'office est due au travail, à la capacité du
mari. On sait que du moment de son mariage ses
soins appartiennent à la société d'acquêts : ce serait
frustrer celle-ci d'une valeur qui lui est régulière-

---

(1) La question ne se pose que pour la plus-value provenant
de l'industrie du titulaire, et non pour celle qui serait la conséquence d'une augmentation générale dans la valeur des offices.

ment acquise, que de ne pas lui accorder en tout cas une récompense égale à la plus-value (1). (Paris, 8 avril 1869; Bordeaux, 2 juillet, 9 août 1840; 19 février 1856.)

Nous ne partageons pas le sentiment de la jurisprudence. Pour nous la plus-value fait partie intégrante de l'office auquel elle a été acquise : s'il est commun, elle tombera en société ; s'il est propre, elle en sera exclue. Nous nous fondons pour soutenir notre opinion et sur le principe bien connu que l'accessoire suit le sort de la chose principale, et sur ce que la plus-value d'un office est l'équivalent, la représentation des qualités personnelles du titulaire, qu'elle doit partant lui rester propre. On allègue contre nous l'iniquité qu'il y aurait à en frustrer la société. Nous répondons à cette objection par une distinction : la capacité spéciale, le travail assidu du mari ont deux effets, augmenter les revenus de l'office et lui procurer une plus-value. Nous regarderions comme injuste de priver le fonds commun de l'excédant de revenus dû à la capacité du mari : ce sont bien là les fruits de cette industrie ; quant à la plus-value, comme elle émane de qualités toutes personnelles, qu'elle en est le signe, elle doit rester propre. Grèvera-t-on un médecin d'une récompense parce que sa clientèle s'est notablement accrue pen-

_____

(1) La plus-value étant inséparable de l'office en pratique c'est sur l'existence d'une récompense en faveur de la société que se débat la question.

dant la société conjugale? Pourquoi dès lors imposer cette récompense à un notaire qui se trouve dans la même situation?

3º *Concessions administratives.* — « La concession est un acte par lequel l'administration subroge à ses droits des particuliers ou une compagnie (1). » Ce mot s'applique du reste à plusieurs actes différents ; on l'emploie quelquefois comme synonyme d'autorisation, ainsi on dit : concession d'une issue sur un cours d'eau du domaine public. — Pareille concession étant essentiellement précaire et révocable *ad nutum*, n'engendre au profit d'un concessionnaire aucun droit réel ni personnel : on comprend dès lors que l'autorisation lui soit personnelle et ne puisse figurer dans l'actif de la société d'acquêts qu'il a formée. En dehors de cette hypothèse particulière, les concessions administratives sont de deux sortes, les concessions de travaux publics et les concessions de propriété.

Les concessions de travaux publics, chemin de fer, canaux, dessèchement de marais sont un moyen employé par l'État pour les faire exécuter : il impose la charge de cette exécution à une personne qu'il subroge en compensation, pendant un certain temps, à ses droits sur le travail effectué, notamment à celui de percevoir les redevances, péages, etc., auxquels peut donner lieu son exploitation. Pareille concession est

---

(1) Bathie, *Droit public et administratif*, t. VII, p. 275.

faite le plus souvent à une compagnie, quelquefois par exception à un particulier; nous en trouvons un exemple dans l'article 3 de la loi du 16 septembre 1807, sur le dessèchement des marais. Cette dernière alternative nous intéresse seule. Le concessionnaire a un véritable droit, un droit réel sur l'objet de la concession, il suit de là : 1° que toute concession faite au mari antérieurement au mariage lui reste propre; 2° qu'une concession faite pendant la durée de la société tombe au contraire dans le fonds commun pour deux raisons; la première est qu'elle est faite en raison de l'industrie du concessionnaire (1), la seconde est qu'elle comporte un équivalent dans les frais à faire pour exécuter le travail avant d'en jouir.

Passons aux concessions en propriété. Trois d'entre elles ont des rapports avec notre sujet, les concessions de mines, les concessions de lais ou relais, de droits d'endigage, de portions de route hors d'usage, les concessions de terre à cultiver. Les concessions de mines sont régies par la loi du 21 avril 1810. D'après l'article 7 de cette loi, la mine forme une propriété distincte et indépendante de celle de la sur-

_____

(1) Cass. 14 fév. 1859. Cet arrêt décide en même temps que la concession ne saurait faire l'objet d'une cession à un tiers. Nous ne croyons pas que cette jurisprudence fasse obstacle à ce que la concession tombe en société ; elle donne seulement au mari le droit d'exercer à la dissolution le retrait de la concession. Nous adoptons cette solution en considération de ce qui se passe en matière d'offices, ces derniers étant également des concessions personnelles au titulaire et incessibles.

face, propriété immobilière (art. 8). De là il résulte que toute concession antérieure au mariage reste propre à l'époux qui l'a obtenue. Mais *quid* de la concession acquise pendant la durée de la société d'acquêts ? Cette concession a lieu gratuitement, aucun équivalent en argent n'est exigé du concessionnaire. Certaines redevances sont dues à l'Etat, c'est à titre d'impôt et non à titre de prix. Sous ce rapport il semblerait que la mine dût rester propre au concessionnaire comme acquise en vertu d'une donation, mais il n'en est rien, l'*animus donandi* fait défaut dans l'espèce, il n'y a donc pas donation. Du reste, il n'y a pas d'équivalent en argent, les travaux nécessités pour l'ouverture de la mine constituant bien une compensation au bénéfice de la concession lui impriment le caractère d'acte à titre onéreux : la mine tombera donc en société, mais à la dissolution, son partage sera soumis à l'autorisation du Gouvernement. (Art. 7, § 2, loi du 21 av. 1810.)

L'Etat peut aussi concéder aux particuliers les lais et relais de la mer, des droits d'endigage, des portions de route abandonnées. (Art. 41, loi du 16 sept. 1807, art. 53, *id.*, art. 60, loi du 3 mai 1841, loi du 24 mai 1842, art 1er.) Ces concessions portent sur un droit de propriété et sont faites en retour d'un prix ferme ; elles doivent donc être soumises aux mêmes principes que toutes les autres acquisitions faites à titre onéreux.

Nous en dirons autant des concessions de terre faites en Algérie, suivant les termes de l'ordonnance du 9 novembre 1845. Il est vrai qu'elles ne sont pas

faites en retour d'un prix en argent; mais l'équivalent pour n'être pas pécuniaire n'en existe pas moins,
il consiste dans l'obligation d'habiter sur le terrain
concédé, de le cultiver, etc. , aussi suffit-il pour faire
de la concession un contrat à titre onéreux, ce qui
justifie son assimilation au précédent.

Enfin, on désigne encore sous le nom de concession « l'acte par lequel une commune abandonne à
une famille, pendant un temps déterminé, la jouissance exclusive d'un terrain dans un cimetière. »
(Batbie, loc. cit.) Si cette concession est faite à un
particulier marié sous le régime dotal avec société
d'acquêts, nous croyons devoir soumettre le terrain
concédé au sort général des acquisitions faites à titre
onéreux; en effet, d'une part la concession est faite
moyennant un prix déterminé, de l'autre elle est gé-
nératrice d'un droit absolu et exclusif quoique temporaire.

4° *Gratifications nationales.* — Nous avons fort
peu de choses à dire des gratifications accordées par
l'Etat à des particuliers, en raison de services par
eux rendus à la chose publique; à ne considérer
que leur nom, pareils bénéfices paraissent dus à une
libéralité bien plus qu'à l'industrie des époux. Ce
n'est pas cependant ce qu'a jugé la jurisprudence.
Appelée à plusieurs reprises à se prononcer sur la
question, elle a invariablement décidé que les gratifications nationales étaient acquises à titre onéreux :
« attendu, dit Colmar, 20 décembre 1832, q' cette
gratification a été acquise au mari pour services par

lui rendus à l'Etat, qu'elle n'est point l'effet d'un don ou d'une libéralité quelconque faite en considération de sa personne, mais le produit de ses travaux...; qu'en conséquence, elle doit rentrer dans une société d'acquêts stipulée entre les époux. » Dans une autre espèce, Cassation s'est prononcée dans le même sens, le 7 novembre 1827. Il importe, toutefois, de remarquer que, parmi les gratifications nationales, la plupart de celles qui sont viagères, les pensions militaires par exemple, sont déclarées incessibles et insaisissables; il suit de là qu'elles ne sont en aucune façon susceptibles de tomber dans une société d'acquêts, en capital du moins : quant aux arrérages desdites pensions, leur qualité de fruits en fait un élément de l'actif social.

5° *Gains dus en partie au hasard.* — Il existe une certaine catégorie d'acquisitions que leur nature mixte rend particulièrement intéressantes à étudier : ce sont celles qui sont dues, partie à l'industrie des époux, partie au hasard qui les a favorisées. Pareils bénéfices constituent-ils des acquêts, tombent-ils en société, voilà la question que nous allons examiner successivement, A) pour les spéculations de Bourse, B) pour les jeux dits de hasard, C) pour le trésor.

A) Spéculations de Bourse. — Les jeux de Bourse qui portent sur les valeurs publiques et sur les marchandises n'en sont pas moins une véritable industrie, avec son travail, sa science, ses calculs spéciaux. Il résulte de là que les produits retirés par l'un des époux des opérations qu'il a tentées à la Bourse doi-

vent tomber dans l'actif commun. Nous entendons
parler ici, par le mot opération, des marchés sérieux,
au comptant ou à terme ; quant aux marchés fictifs,
comme ils constituent un véritable jeu de hasard sur
des différences, ils ne peuvent être assimilés à ceux-ci
et rentrent à juste titre dans la catégorie suivante.

Nous posons donc, en principe, que les bénéfices
retirés des spéculations ayant un caractère commercial sont communs ; outre la raison indiquée plus
haut, il est à remarquer que cette attribution n'est
qu'une juste compensation des pertes que subit la
société, lorsque, ce qui arrive le plus souvent, les
spéculations aboutissent à des résultats funestes pour
les fonds engagés.

Le principe posé pour les spéculations commerciales reçoit une extension remarquable ; on l'applique aux jeux d'adresse dont les profits sont universellement reconnus comme provenant de l'industrie
des époux.

B) Jeux de hasard. — Les jeux de hasard ont
malheureusement pris à notre époque un grand développement. Nombre de personnes, entraînées par
la passion du jeu, hasardent chaque jour leur avoir
sur un dé ou sur une carte. Si ces habitudes ne peuvent manquer de mener tôt ou tard à la ruine, elles
procurent quelquefois des bénéfices passagers, mais
considérables, dont il est intéressant de connaître la
situation juridique. Le législateur français (Code civil,
art. 1965 à 1967) ne reconnaît pas comme licites les
gains provenant du jeu ou du pari. Ce défaut de
sanction n'empêche pas que ces gains puissent exister

en fait, et que l'on doive, dès lors, régler leur situation par application des principes généraux.

On a controversé très-vivement la question de savoir si les bénéfices ayant leur origine dans un jeu ou un pari devaient rester propres ou si, au contraire, ils faisaient partie du fonds commun. La première alternative compte de nombreux et célèbres défenseurs. Rodière et Pont. (t. ii, n° 1248), Marcadé (sur l'art. 1498) se prononcent pour cette solution. Ils la fondent tout d'abord sur l'autorité de Pothier. Cet éminent jurisconsulte (Com., t. n° 323) professe, en effet, cette opinion pour le cas où les époux ont réalisé les biens qui leur adviendraient par succession, donation ou autrement. Ce dernier terme est, au dire de Pothier, destiné à réaliser les profits dus au hasard, et parmi eux, ceux qui doivent leur naissance au jeu ou au pari. Ce qui est dit d'une clause générale de réalisation, peut se dire aussi de la société d'acquêts. Un second argument, plus juridique que le précédent, est encore présenté en faveur de cette opinion : l'industrie de l'époux, joueur ou parieur, n'a aucune part dans les gains qu'il peut faire : il attend tout du hasard, rien de son habileté ou de son travail : cela étant, on ne peut, dans la rigueur des principes, faire entrer en société des valeurs dont l'origine ne saurait être comprise dans les termes de l'article 1498.

Bien que cette opinion soit peut-être la plus suivie, nous lui préférons cependant la solution contraire. Le premier des arguments qu'elle présente procède d'une analogie assez vague : partant, il n'est pas

concluant ; quant au second, nous lui contestons
son fondement. Dire que les bénéfices issus du jeu
ne sont dus en aucune partie à l'industrie du joueur,
nous semble une erreur : sans doute, dans le jeu
ou le pari, le travail matériel est insignifiant ; sans
doute, le hasard influe énormément sur les résultats, mais n'y a-t-il pas, en outre, un élément propre
au joueur, élément de calcul, de science, d'habitude, qui constitue pour lui une véritable industrie.
Cette remarque nous pousse à suivre la doctrine en-
seignée par MM. Aubry et Rau et à décider que les
profits provenant du jeu doivent au contraire tomber
en commun. En effet, interpréter trop strictement les
termes de la loi conduit nécessairement à en méconnaître l'esprit. Si elle fait tomber en commun les
gains provenant de l'industrie, elle n'exige pas par là
que l'industrie soit la seule et unique cause de ces
profits, et nous estimons que, alors même que le hasard joue le rôle principal dans une affaire, les bénéfices qu'elle procure doivent tomber en société,
s'ils sont dus à l'industrie d'un époux pour quelque
part, si faible qu'elle soit. Telle est en cette matière
notre règle générale d'interprétation. Mais il existe
dans l'espèce une raison spéciale de se prononcer
en notre sens : lorsque le mari joue ou parie, les
pertes par lui subies retombent en définitive sur la
caisse commune ; qu'y a-t-il dès lors de plus juste
que d'y faire tomber aussi les bénéfices, quand par
hasard il s'en produit ?

Du jeu et du pari rapprochons les gains faits à la
loterie. Le lot gagné n'est autre que l'équivalent aléa-

toire du billet gagnant. Ce principe posé, nous en tirons deux conséquences : 1º lorsque le billet a été pris avant le mariage, le lot appartient à l'époux propriétaire du billet, alors même que le tirage aurait lieu après la formation de la société conjugale, car, dès le moment où le billet a été pris, le contrat a été parfait ; 2º si au contraire le billet a été pris pendant le mariage, ce billet fût-il propre, le lot gagné doit devenir commun ; car, en vertu d'un principe que nous poserons bientôt, toute acquisition réalisée à titre onéreux par les époux pendant le mariage est commune sans qu'il y ait lieu de s'inquiéter de la nature des valeurs qui ont servi à la consommer.

D) *Trésor. Epaves.* — On sait que le trésor appartient pour la moitié à son inventeur (716, § 1er), que les épaves sont de même attribuées sous certaines conditions à celui qui les recueille. Demandons-nous maintenant, si de semblables gains faits par un époux marié sous le régime dotal avec société d'acquêts doivent tomber en commun. A ce sujet, les auteurs ne sont d'accord que sur un seul point, c'est que si un époux fait le métier de chercheur de trésors ou d'épaves, les bénéfices qu'il pourra retirer de l'exercice de cette profession tomberont en société. Mais sur l'hypothèse principale, celle où le trésor a été découvert par hasard, il y a controverse. La majorité des auteurs, nous devons en convenir, ainsi que la plus grande partie de la jurisprudence décident que la moitié du trésor acquise *jure inventionis* doit rester propre à l'inventeur. (Aubry et Rau, loc. cit.

Rodière et Pont.) Il n'y a pas là industrie, mais pur don de fortune : c'est une hypothèse toute en dehors de l'article 1498.

Pour nous, la question est purement de fait. Nous appliquerons ici le principe général que nous avons posé précédemment : si la découverte du trésor procède pour une part quelconque de l'industrie de l'époux, si elle a été occasionnée par son travail, encore que ce travail eût une tout autre destination, nous considérerons que le travail des époux appartient à la société, et nous ferons tomber en commun le trésor qui en est en définitive un produit indirect. Si au contraire c'est au pur hasard qu'est due l'invention, les gains qu'elle procurera devront rester propres. (En ce sens, Duranton, t. xv, nᵒ 12 ; Troplong, nᵒ 1870.)

§ III. — Acquisitions réalisées a titre onéreux par les époux.

Au cas où les époux stipulent qu'il n'y aura entre eux qu'une communauté d'acquêts, dit l'article 1498..., le partage se borne aux acquêts faits ensemble ou séparément pendant le mariage. Il résulte de ce texte que la société d'acquêts comprend dans sa composition les acquisitions réalisées à titre onéreux par les époux durant le mariage ; tel est, en effet, le troisième et dernier élément de son actif. Il présente cette par-

E

ticularité remarquable de n'être pas distinct et séparé des deux autres, il n'en est en définitive qu'une forme différente. En effet, toutes les acquisitions qui augmentent l'actif de la société d'acquêts proviennent ou d'économies faites par les époux sur les fruits de leurs propres ou de profits dus à leur industrie ; les acquisitions réalisées ne sont que la suite et en quelque sorte la réalisation, l'immobilisation de ces deux premiers éléments, lesquels renferment par conséquent tout l'actif social. D'après cela, il semble que c'est à tort que l'on a créé pour notre troisième élément une catégorie distincte et séparée. Il n'en est rien et une raison puissante exige notre décision. En effet, les époux acquièrent à titre onéreux pendant le mariage, non-seulement au moyen des valeurs communes, mais aussi au moyen de leurs propres. On peut aller plus loin et dire que la plupart des acquisitions qu'ils réalisent ont lieu en donnant comme équivalent des biens qui leur appartiennent en propre. Or, la portée du principe de l'article 1498 est générale, toutes les acquisitions réalisées à titre onéreux pendant le mariage sont communes, quelle que soit leur source. Sans doute la société ne devra pas par là s'enrichir indûment aux dépens des époux et à la dissolution une récompense préviendra toute inégalité entre eux, mais le principe n'en reste pas moins absolu. Toute acquisition tombe en société. Posons une espèce. La femme possède en se mariant un droit litigieux, au cours de l'union elle transige sur le débat moyennant la cession d'un immeuble : encore que ce bien ait été acquis au moyen

de l'abandon du droit propre, il prend la qualité d'acquêt. La principale application de notre principe
est celle-ci : tout emploi de valeurs propres fait pendant le mariage aboutit à constituer un acquêt, à
moins qu'il ne rentre dans un des cas de subrogation
que nous exposerons plus loin.

Le principe une fois posé, nous allons maintenant
en énumérer les conséquences les plus saillantes :

1° C'est une question fort débattue de nos jours,
comme du reste sous l'ancienne jurisprudence, que
celle de savoir quel est le sort de l'immeuble acheté
avec les deniers dotaux. Pour nous, cette question
ne saurait faire doute, et dans le Droit actuel comme
dans l'ancien Droit, nous la tranchons en disant
qu'une pareille acquisition tombe en société, en
vertu des principes généraux ;

2° Si des deniers communs ou propres sont employés à une assurance sur la vie, la prime est commune. La Cour de Cassation l'a décidé ainsi, par arrêt
du 15 décembre 1873. Sa décision est basée sur ce
qu'à défaut de règles spéciales, les assurances sur la
vie doivent obéir aux principes généraux et sur ce que
le droit à l'assurance est acquis dès le moment du
contrat, bien qu'il soit subordonné à un terme incer-
tain. Cette jurisprudence, qui du reste est incontestée, nous semble logique ; mais nous allons plus
loin, et nous estimons que la solution devrait rester
la même, encore qu'une clause de réversibilité fût
jointe au contrat d'assurance. (Tribunal de Baugé,
21 déc. 1872.) En effet, d'une part, le droit est ac-

quis durant la société ; de l'autre, la clause de réversibilité ne saurait constituer une donation ; il faut
donc soumettre cet acte aux mêmes règles que toute
autre acquisition à titre onéreux (1).

3° Il existe au principe général que nous venons
d'exposer, une exception particulière, au cas où la
qualité même d'une acquisition la rendrait impropre
à entrer dans le patrimoine de l'un des époux. Voici
de cette restriction un exemple resté célèbre en doctrine et en jurisprudence. Une femme demandait
qu'après séparation de corps, on comprît dans l'actif
et par suite dans le partage une somme acquise
à son mari par transaction intervenue sur une action en adultère qu'il avait intentée contre elle. Sa
demande fut rejetée, et la Cour de Cassation motiva
ainsi sa décision sur le fond du droit. Le principe,
nemo auditur turpitudinem suam allegans, doit
être considéré comme subsistant encore aujour-
d'hui, car il est inadmissible qu'une personne cherche
à retirer un bénéfice des conséquences mêmes de
son inconduite. De plus, le caractère seul de la
créance, née par suite de la transaction, le motif qui
lui avait donné naissance, tout concourt à la faire
regarder comme essentiellement propre au mari.

_____

(1) Nous n'insistons pas davantage sur cette question qui
n'offre rien de particulier à notre matière, cependant, nous
devons remarquer que la doctrine et la jurisprudence repoussent
notre solution. Elles attribuent en propre à l'époux la prime
réversible, mais, quant à justifier cette solution, on n'ignore
pas qu'elles diffèrent complétement.

Enfin, cette créance elle-même pèse sur la femme, et on ne saurait comment justifier une interversion de titre qui de débitrice la rendrait créancière. (Cass., 5 fév. 1873.)

La solution donnée par la Cour suprême nous semble très-sage, mais nous pensons que l'on doit la restreindre avec soin aux hypothèses analogues à celle qui a fait l'objet de l'arrêt précité, à peine de se mettre en contradiction avec notre principe général et de lui créer des exceptions non justifiées.

Nous avons épuisé aussi la composition active de la communauté. Il ne nous reste plus, pour terminer cette section, qu'à traiter des biens qui restent propres aux époux.

Biens propres. — La qualité de propre peut dériver ou de la nature du bien, de son origine, ou bien de cette circonstance qu'il prend la place d'un bien propre, c'est-à-dire d'une subrogation réelle. Nous suivrons cette division.

§ I. — Propres par nature.

On compte trois catégories de propres par nature : 1° les biens appartenant aux époux au jour du mariage ; 2° ceux qui leur adviennent ensuite par succession ou donation ; 3° ceux qu'ils acquièrent par le pur effet du hasard.

1° *Biens appartenant aux époux.* — Au moment
du mariage, tous les biens dont les époux ont la
propriété ou la possession leur restent propres.
Cela résulte pour les immeubles, des articles 1401,
paragraphe 3, et 1402 ; pour les meubles, de
l'article 1488, paragraphe 1. Nous ne répéterons
pas ici ce qu'on doit entendre par biens dont les
époux ont la propriété ou la possession antérieure au mariage, cette matière n'offrant rien de
particulier à notre sujet. Nous nous bornerons à remarquer que les biens propres au mari sont tous
soumis aux mêmes règles, que ceux au contraire qui
appartiennent à la femme se divisent le plus souvent
en deux catégories, les biens dotaux et les paraphernaux, auxquelles nous reconnaîtrons bientôt des règles différentes de disponibilité et d'administration.
Au point de vue qui nous occupe, cette distinction
est indifférente. Par contre, plusieurs remarques
sont à faire sur la condition des biens dont nous nous
occupons :

1° L'époque du paiement du prix n'a aucune influence sur la règle de l'article 1498, paragraphe 1 :
il importe peu qu'il ait été accompli après le mariage
et en valeurs communes ; le bien acquis n'en garde pas
moins sa qualité de propre, mais il faut observer que
la société aura, à la dissolution, droit à une récompense égale à la somme payée pour le compte de
l'époux propriétaire.

Le tribunal de Jonzac l'a décidé ainsi par jugement
du 29 décembre 1868. Bien plus, il a décidé qu'un
office acquis antérieurement au mariage devrait rester

propre, alors même que, soit le paiement du prix, soit la prestation de serment auraient eu lieu au cours de la société. La prestation de serment ne saurait, en effet, être assimilée qu'à une condition suspensive dont l'accomplissement rétroagit au jour de l'acquisition ;

2º La plus-value acquise par un propre pendant le mariage, en prend la qualité et ne devient pas commune, par suite de la circonstance qu'elle serait due à l'industrie des époux. (Bordeaux, 17 juin 1874.) Cette solution est analogue à celle que nous avons donnée précédemment sur une question d'offices ;

3º On doit décider, en vertu du même principe, que les accessoires qui viennent augmenter la grandeur d'un immeuble restent propres. (Cassation, 6 janvier 1846.)

4º L'article 1404, paragraphe 2, est inapplicable à la société d'acquêts, et les biens acquis par un époux dans l'intervalle qui sépare le contrat de mariage de la célébration, lui restent propres, nous ne connaissons qu'un monument de jurisprudence (Tribunal de Nontron, 18 novembre 1868), qui ait décidé le contraire, et nous croyons qu'il a fait une mauvaise application de l'article 1528. En effet, l'article 1404 a été introduit pour empêcher un époux de s'approprier, par des acquisitions immobilières, le mobilier qu'il possédait lors du contrat et qui était destiné à tomber en communauté ; cette destination n'existant plus sous notre régime plus de fraude possible, l'article 1404 manque donc de base. Ce raisonnement est concluant et l'on ne peut s'étonner que d'une chose, c'est qu'il ait été méconnu. (En ce sens, Bordeaux, 21 août 1869.)

5° Les biens existant lors du mariage peuvent être distraits de leur destination légale par suite de leur nature ou de la volonté des parties. Ils tombent en communauté par l'effet de leur nature, lorsque leur qualité de choses fongibles les donne en propriété à la société quasi-usufruitière. Ils y tombent aussi par l'effet de la volonté des parties en vertu de l'article 1387, il n'est même nul besoin que cette volonté soit spécialement exprimée et le seul fait de les estimer suffit pour les rendre communs, car il manifeste suffisamment la volonté de l'époux propriétaire de se borner au moment de la dissolution à une reprise en valeur.

2° Biens acquis à titre de succession ou donation. — Par son nom seul, la société d'acquêts fait suffisamment pressentir qu'elle ne comprend pas les biens échus aux époux, au cours du mariage, par succession ou donation.

Cette exclusion, qui résulte en outre de textes formels (1402, 1498, § 1), est parfaitement conforme à la volonté présumée du testateur ou donateur. Toute libéralité est en effet généralement faite *intuitu personæ*, c'est l'époux donataire lui seul et non son conjoint que le disposant a entendu gratifier ; notre principe n'est donc que l'expression exacte d'un fait. Remarquons, en passant, qu'il est absolument général, que, par conséquent, on devra l'appliquer aux meubles comme aux immeubles (sauf l'exception précitée , relative au caractère fongible des biens donnés) ; aux donations faites conjointement aux deux époux , comme à celles qui ont un seul d'entre eux pour objet; aux libéralités directes , comme à celles qui sont faites par personnes interposées.

Trois observations doivent être faites sur cette seconde catégorie de propres par nature :

1° La volonté du donateur peut changer la destination des biens donnés et les faire tomber en société ; par contre, elle ne pourrait pas, vu la rédaction absolue de l'article 1543 , imprimer le caractère de la dotalité aux biens donnés à une femme qui ne se serait constitué que ses biens présents. L'ancien Droit au contraire permettait cette clause, puisqu'il regardait comme valable une constitution de dot faite pendant le mariage.

2° En l'absence de stipulation expresse, les biens donnés à la femme par contrat de mariage doivent être présumés dotaux. (1542.)

3° La stipulation d'une société d'acquêts évite une foule de difficultés qui s'élèvent lorsqu'une succession partie immobilière partie mobilière échoit à un époux marié sous le régime de la communauté légale. On n'a plus, en effet, ici à discuter le point de savoir si c'est le partage ou la composition de la succession qui doit fixer les parts respectives de l'époux et de la communauté. Tous les biens compris dans la part de l'époux lui sont propres , de quelque nature qu'ils soient , ainsi on évite des difficultés presque insolubles.

· 3° *Biens acquis par pur hasard.* — Deux mots restent à dire sur une dernière catégorie de biens propres par nature, ceux que l'un des époux a acquis par le pur effet du hasard.

Du principe que nous avons posé plus haut sur la destination des biens acquis au moins en partie par hasard, on a pu conclure que les biens auxquels leur origine due exclusivement au hasard attribue la qualité de propres sont fort rares. Il en existe cependant quelques-uns.

En voici trois exemples :

1° Nous considérons comme devant rester propres à l'époux inventeur, la part du trésor qui lui est attribuée *jure inventionis*, s'il a découvert ce trésor par pur hasard, en se promenant par exemple.

2° De même la chose perdue, qui est attribuée à l'inventeur faute par son propriétaire de se faire connaître, ne saurait tomber en commun.

3° Enfin, nous croyons que l'on devrait attribuer la même qualité à une invention industrielle qui n'aurait pas été pour son auteur la conséquence de ses travaux, mais bien d'un cas fortuit.

Ces hypothèses, on le voit, sont de nature à ne se présenter que fort rarement, aussi constituent-elles l'exception, et devons-nous mettre à la charge de l'époux la preuve des circonstances susceptibles

de lui faire attribuer comme propre le bien qu'il a
acquis (Arg. anal., art. 1401, § 1; 1402 et 1499).

Nous venons de voir que certains biens sont propres par leur nature ; d'autres acquièrent cette qualité par une fiction de la loi, la subrogation réelle ;
ce sont ceux qu'il nous reste à étudier. Nous savons
que la subrogation réelle est une fiction de la loi en
vertu de laquelle un bien acquis pendant le mariage
ne devient pas commun, mais prend la qualité d'un
autre bien qu'il remplace, ou auquel il est joint. Reste
maintenant à examiner quelles sont les hypothèses de
subrogation réelle admises en notre matière. Une question générale doit tout d'abord être posée, celle de
savoir si la subrogation réelle peut dans certains cas
avoir lieu de plein droit ou si elle doit toujours s'ap-
puyer sur un texte de loi spécial. La jurisprudence
agite cette question à propos des biens acquis par la
femme au moyen de ses deniers propres : sont-ils
communs, sont-ils propres ?

Une opinion fort suivie se décide pour cette dernière solution et attribue en propres à la femme les
biens qu'elle a acquis, autorisée de son mari avec des
deniers à elle appartenant. (Cass., 19 déc. 1871 ;
Rouen, 26 avril 1872). Voici, en résumé, les raisons
présentées à l'appui de cette décision. La société

d'acquêts doit être soigneusement distinguée de la communauté légale ; sous ce dernier régime, si la femme ne peut rien acquérir en propre, c'est qu'elle n'a pas, en général du moins, de deniers propres. Il en est autrement dans notre hypothèse, et on doit, par suite, ne pas priver la femme de la capacité qu'elle tient de l'article 1594. En donnant au bien acquis la qualité des deniers qui ont servi à l'acquérir, on ne fait que suivre l'intention des époux qui, en se réservant en propre les deniers, n'ont pas entendu qu'ils puissent jamais devenir communs. Qu'on n'objecte pas, du reste, que ces deniers propres tombent en société à cause du quasi-usufruit; il n'y a que promiscuité entre eux et les biens communs, il n'y a pas confusion.

Ces arguments ne sont certes pas dépourvus de valeur, mais encore ne nous semblent-ils pas suffisants pour motiver une exception à la règle générale de la communication des acquisitions faites pendant le mariage. Aussi, préférons-nous suivre les principes généraux, et déclarer communs de tels biens. Cette solution nous semble encore préférable à un autre titre, c'est qu'elle est conforme au principe que, pour régler le sort d'une acquisition, on ne doit pas considérer l'origine des deniers qui ont servi à la parfaire. (En ce sens, Bordeaux, 13 mai 1872; Cass., 26 juillet 1869.)

Nous estimons donc que la subrogation réelle n'existe que dans les cas et sous les conditions spécialement déterminées par la loi. Ces cas sont au nombre de trois : l'échange, le remploi et le retrait d'indivision. Nous allons les parcourir successivement, examinant ce qu'ils présentent de particulier à notre matière.

1° *Echange*. — L'échange obéit à des règles différentes , suivant qu'on l'applique aux propres du mari et aux paraphernaux de la femme d'une part, ou aux biens dotaux de l'autre. (Nancy, 3 mars 1869.)

Les propres du mari et les paraphernaux de la femme obéissent à l'article 1407. Ils suivent absolument les règles usitées en matière d'échange de propres sous le régime de la communauté légale, et notamment : 1° la seule volonté des époux suffit à l'effectuer; 2° si le bien livré est accompagné d'une soulte, le bien reçu en contre-échange est néanmoins propre pour la totalité.

Au contraire, les biens dotaux obéissent, quant à leur échange, à l'article 1559. Il suit de là : 1° que l'échange ne peut être fait que si le bien donné vaut au moins les quatre cinquièmes de celui qui doit être reçu ou réciproquement; 2° qu'il exige une autorisation de justice et un rapport d'expert; 3° que dans dans le cas d'échange avec soulte donnée par l'époux à son coéchangiste, le bien reçu en contre-échange n'est dotal que jusqu'à concurrence de la valeur du bien donné; pour le surplus, il est acquêt. (Arg. de l'art. 1543; Bordeaux, 28 mai 1866.)

2° *Remploi*. — Le remploi suppose la vente d'un propre; si les deniers qui en proviennent sont employés à une nouvelle acquisition remplissant les conditions exigées par la loi, le bien acquis prend la place et la qualité de celui qui avait été aliéné. Le remploi, pas plus que l'emploi dont nous avons traité précédemment, ne peut être fait de plein droit ; il faut, de toute nécessité, remplir les conditions de forme énumérées par les articles 1434 et 1435. Ces conditions étant, du reste, communes au remploi sous le régime dotal et sous la communauté, aucun conflit ne s'élève. Toutefois, une question est discutée. On sait que pour le remploi des biens de la femme, trois conditions sont exigées par l'article 1435 : la déclaration de provenance des deniers, l'énoncé de leur destination et l'acceptation de la femme. On s'est demandé si cette dernière condition, l'acceptation du remploi par la femme, était exigée sous notre régime. Ce point est controversé. Un premier système prétend que l'on ne doit pas exiger l'acceptation de la femme. Cette condition a été, à ses yeux, exclusivement établie pour le régime de la communauté légale, et il ne faut pas l'étendre à la simple société d'acquêts ; du reste, le seul mandat de remployer donné par la femme à son mari démontre suffisamment l'intention de la première d'accepter les conséquences des contrats passés par le second, sans qu'il soit, en outre, besoin d'une formalité inutile (Rouen, 26 av. 1872). Cette opinion nous semble méconnaître les premiers principes du régime dotal. Dans un but de simplification, il enlève à la femme une de ses principales garanties et par là se met en opposition avec l'esprit de conservation qui est la base de la dotalité. De plus, il introduit à l'article 1435 une exception qu'aucun texte ne justifie. Enfin, nous croyons qu'il commet une véritable erreur d'interprétation en prétendant que le fait d'imposer au mari l'obligation de remployer le prix des propres aliénés de sa femme, entraîne une acceptation anticipée de tous les actes bons ou mauvais que fera le mari dans le but de s'acquitter de son obligation. Pour toutes ces raisons, à notre avis, et c'est, du reste, l'opinion la plus suivie, le remploi n'est parfait que lorsqu'il est accompagné de l'acceptation de la femme. (En ce sens, Agen, 20 juillet 1858 ; Cass., 2 mai 1859, et 12 juin 1865.)

On sait qu'il existe, au point de vue des effets, quelques différences dans le remploi, selon qu'il est appliqué aux biens dotaux ou aux propres sous le régime de communauté. Voici les trois principales : 1° le remploi stipulé par contrat de mariage est cependant facultatif sous le régime de communauté, il est obligatoire sous le régime dotal ; 2° au cas où sous la communauté légale, le remploi a été stipulé à peine de nullité de l'aliénation, si la femme touche le prix personnellement, l'acquéreur de son propre est désormais à l'abri de toute action révocatoire ; au contraire, sous le régime dotal, l'aliénation n'en reste pas moins nulle pour cela ; 3° en se plaçant dans la même hypothèse, une fois le mariage dissous, le remploi devient absolument impossible et l'acquéreur ne peut prévenir l'action en nullité par l'offre du prix ; au contraire, sous le régime de communauté, le remploi du prix n'est jamais une condition essentielle à la validité de l'aliénation. Quelle est, dans chacune de ces hypothèses, la solution à adopter pour la société

d'acquêts ? Cette question ne peut faire l'objet d'aucun
doute : s'il s'agit de biens dotaux, seuls les intérêts
personnels de la femme sont en jeu, nous appliquerons
donc les règles du régime dotal ; si, au contraire, le
remploi a pour objet de constituer un propre au mari
ou un paraphernal à la femme, nous suivrons les règles
usitées sous le régime de la communauté légale.

3° *Retrait d'indivision.* — L'hypothèse où l'un des
époux acquiert tout ou partie d'un immeuble sur lequel il avait déjà un droit indivis est régie, sous le
régime de la communauté légale, par des règles spéciales (1408, § 1er), le bien ainsi acquis reste propre
à l'époux acquéreur. On sait aussi que la femme
jouit, dans le cas prévu par l'article 1408, paragraphe
2, d'un droit d'option et qu'elle peut se faire un propre
de l'immeuble acquis par son mari si elle avait auparavant dans cet immeuble des droits indivis. Le retrait
d'indivision s'applique à notre régime de société
d'acquêts ; ce point quelque peu contesté autrefois
est aujourd'hui d'une jurisprudence constante. (Rouen,
15 mars 1851 ; Grenoble, 18 août 1852.) Nous éten-
drons donc à notre matière toutes les règles posées
pour la communauté légale par l'article 1408. Elles sont
beaucoup trop étendues pour pouvoir trouver ici une
place même restreinte, aussi nous bornons-nous à
renvoyer pour l'application de notre principe à l'article 1408, en observant toutefois que ce texte doit
être combiné avec la règle que la dot ne peut être
augmentée pendant le mariage (1553) : lors donc que
la femme exercera par elle-même ou par l'intermé-

diaire de son mari un droit de retrait sur l'immeuble où elle a des droits dotaux indivis, la portion qu'elle acquerra en vertu de cet exercice lui sera propre, mais à titre de paraphernal.

Si l'application du retrait d'indivision à la société d'acquêts ordinaire ne fait aucune difficulté, il n'en est pas de même de son application à la société restreinte aux acquêts immobiliers. C'est une question des plus controversées de notre matière que celle de savoir si le retrait d'indivision est applicable à une pareille association.

Un parti qui compte de nombreux défenseurs soutient que l'article 1408 ne peut recevoir dans cette hypothèse son application. Il raisonne, comme nous l'avons déjà vu faire, de ce que les règles exceptionnelles posées pour la communauté légale ne sauraient être étendues au delà des limites que la loi leur a tracées, or, le retrait d'indivision constitue bien une règle de cette nature. Après cet argument trop général et qui, s'il était concluant, exclurait le retrait d'indivision de toute société ou communauté d'acquêts, on en présente un second plus sérieux et plus spécial à la question. Pour qu'il y ait lieu à retrait. d'indivision, il faut nécessairement que ses éléments essentiels puissent exister ; or, parmi ces éléments figure une récompense de l'époux retrayant à la communauté. Comment concilier cette récompense valeur mobilière avec une association restreinte aux seuls immeubles? Elle ne peut évidemment pas exister et on doit en dire de même du retrait d'indivision auquel elle sert de base. Cette opinion ne devait pas prévaloir, et elle a effectivement succombé. Elle se base sur deux arguments : le premier est évidemment contraire à l'article 1408, paragraphe 2, dont les dispositions sont générales et impliquent par conséquent l'application du retrait d'indivision à tous les régimes avec lesquels il n'est pas naturellement incompatible. Quant au second, nous l'admettons en principe, mais nous rejetons la conséquence que l'on prétend en tirer : dire qu'une récompense ne peut exister parce que dans certains cas elle s'éteint par confusion n'est pas juridique. Sans doute lorsque le mari exercera pour lui le retrait, se trouvant à la fois créancier et débiteur de la récompense, il l'éteindra sur sa tête.

Mais si nous supposons que la femme profite de son droit, nous ne voyons plus d'obstacle à ce qu'elle donne la récompense, nous verrons bientôt à qui elle la doit.

Par contre le retrait d'indivision nous semble devoir être étendu à la société d'acquêts immobiliers pour une raison péremptoire; ce retrait est fondé sur la volonté présumée des époux qui, en réalisant l'acquisition dans les circonstances prévues par l'article 1408, ont eu l'intention de se constituer un propre et non d'ajouter un bien de plus à la masse commune. Les circonstances qui entourent l'achat demeurant les mêmes, pourquoi l'intention de l'époux acquéreur serait-elle autre, lorsqu'il est marié sous une société restreinte aux acquêts immobiliers. Poser cette question, c'est la résoudre, aussi appliquerons-nous à notre espèce l'article 1408. (En ce sens , Cass. 30 janvier 1850.)

Ceci posé, un point reste encore à élucider. Si nous supposons que la femme exerce le retrait, à qui devra-t-elle une récompense, à la société ou à son mari ? On pourrait en faveur de la société alléguer l'article 1408, mais sa disposition nous semble motivée parce que les deniers employés au retrait sont tirés de la caisse commune. Dans notre cas, au contraire, ils appartiennent au mari ; c'est lui qui subit un préjudice de l'exercice du retrait, c'est donc lui aussi qui devra recevoir une indemnité.

SECTION II.

PASSIF DE LA SOCIÉTÉ D'ACQUÊTS.

Lorsque dans la première partie de notre mémoire nous avons traité du passif de la société d'acquêts, le principe général que nous avons posé en tête de notre étude a été celui de la corrélation du passif à l'actif : c'est encore lui que nous retrouvons énoncé dans l'article 1498, paragraphe 1er, et nous ne devons pas nous en étonner, car il est l'expression d'un principe de droit naturel qui s'impose à la loi positive et fait que dans toute société nous rencontrons, correspondant à l'actif déterminé par les statuts, un passif analogue.

De là, il résulte que toutes les dettes qui pèsent sur les époux au jour de la célébration du mariage sont exclues de leur société, de même que tous leurs biens présents demeurent propres. Ce principe n'est l'objet d'aucune contestation, mais il présente quelquefois des difficultés d'application. En voici un exemple : on se demande si une dette consistant en prestations périodiques, doit rester propre à l'époux débiteur ou doit tomber en commun comme une charge de ses biens propres. La question est fort controversée; il semble pourtant que la jurisprudence la résout de préférence dans le premier sens. (Rouen, 10 mai 1862; Cass., 13 juillet 1863.)

De même, nous exclurons de la société les dettes futures, et par là nous entendons celles qui correspondent à l'actif futur exclu, c'est-à-dire provenant d'une des causes que nous avons énumérées, succession ou donation. Ainsi, dans le cas particulier prévu par l'article 1406, le payement des dettes de l'ascendant qui a abandonné en retour à un époux son immeuble, reste propre à cet époux et la communauté aura droit à récompense, si ses deniers servent à l'effectuer.

Examinons maintenant le passif social, nous le diviserons en trois parties dont chacune correspondra à l'un des éléments de l'actif.

§ I. — Dettes provenant de l'usufruit des propres.

La société retire l'émolument de la jouissance des biens propres aux époux, elle doit aussi en supporter les charges, aujourd'hui comme autrefois. Nous mettrons à sa charge les frais de culture et de perception des fruits, les petites réparations dites usufructuaires, les intérêts ou arrérages des dettes propres, les impôts, etc. (1). Voici, relativement à ce premier chef, deux décisions assez remarquables de la jurisprudence :

1° Lorsqu'un immeuble propre est grevé d'une rente viagère inférieure aux revenus de cet immeuble, la société doit en servir les arrérages sans récompense, parce qu'ils ne représentent pour aucune portion le prix de l'immeuble, mais constituent une simple charge de la jouissance. (Cass., 8 déc. 1874.) Cette décision, comme on le voit d'après ses motifs, n'infirme en rien la jurisprudence ci-dessus mentionnée, au sujet des rentes viagères qui pourraient être dues par les époux au moment du mariage ;

2° La société doit supporter sans récompense la

---

(1) Bordeaux, 1er juillet 1874.

perte résultant de la différence du taux des intérêts du cautionnement d'un officier ministériel au taux légal. (Tribunal de la Seine, 22 avril 1868).

§ II. — Dettes provenant de l'industrie des époux.

Les dettes qui ont leur source dans l'industrie des époux sont de deux sortes. Les unes en sont la conséquence directe : nous citerons comme exemple de celles-ci les frais à faire pour l'achat ou l'entretien des instruments nécessaires à cette industrie, les dépenses faites par un époux afin de se perfectionner dans la connaissance de l'art qu'il pratique.

Les autres n'en sont qu'une suite indirecte et médiate. A ce titre, nous mettons à la charge de la société les dépenses d'entretien du ménage, les frais occasionnés par l'instruction et l'éducation des enfants issus du mariage. Sans doute, ces obligations ne sont pas une conséquence nécessaire de l'industrie : elles en sont même indépendantes dans leur existence; cependant, nous les y rattachons, estimant que la destination première des produits de l'industrie des époux est de satisfaire aux besoins de leur ménage, de pourvoir à l'avenir de la famille qu'ils ont créée.

§ III. — Dettes provenant des acquisitions réalisées a titre onéreux pendant le mariage.

Cette troisième catégorie est la source la plus fé-
conde des obligations qui sont à la charge de la
société d'acquêts. Les époux sont facilement portés à
grever, dans l'intérêt de leur travail et trop souvent
dans celui de leurs plaisirs, la société de nombreuses
dettes. Ils ne sont pas tous deux également capables
de faire supporter à la société les obligations qu'ils
contractent.

Nous avons énuméré dans notre partie historique
l'étendue des pouvoirs du mari en matière d'obligation.
Comme ces pouvoirs étaient les mêmes que ceux du
Droit intermédiaire qui passèrent dans notre Code
civil, ce sont ceux qui aujourd'hui encore régissent
la société d'acquêts.

Nous n'y reviendrons donc que pour faire deux
observations : 1º Le Droit actuel présente avec l'ancien
cette différence, que l'on ne controverse plus la question de savoir si la société peut être poursuivie en raison
des peines pécuniaires infligées au mari; depuis la loi
du 31 mai 1854, l'affirmative est vraie pour tous les cas
(1424); 2º les dettes contractées par le mari ne restent définitivement à la charge du fonds social qu'autant qu'elles n'ont pas été pour le chef de la société
conjugale une source d'enrichissement; s'il en était

ainsi, il en devrait être récompensé. Toutefois, il a été jugé, et avec raison, que l'on ne pouvait pas mettre une dette à la charge du mari, par cette considération seule, qu'il ne pouvait pas démontrer qu'elle eût été contractée dans l'intérêt de la société (Cass., 15 juill. 1864).

Ce n'est que dans certains cas exceptionnels que les obligations contractées par la femme pèsent sur la société. Ces hypothèses ne présentent rien de spécial à notre matière : on sait, d'après les règles de la communauté légale, que la femme peut obliger la communauté en s'engageant avec son mari, ou autorisée par lui ou avec permission de justice dans le domaine de l'article 1427.

Toutes ces règles sont applicables à notre sujet : nous avons, toutefois, sur ce point deux remarques à faire :

1° La femme, par ses engagements, s'oblige toujours personnellement, hormis le cas de mandat (1997). Il faut observer que ses obligations ne peuvent jamais être ramenées à exécution sur ses biens dotaux, à cause de leur inaliénabilité et qu'elles atteignent seulement ses paraphernaux (1554).

2° La femme, mandataire pour les dépenses de la maison, oblige la société et elle seule. Mais il convient d'observer que cette faculté n'existe pour elle, qu'autant qu'elle n'en abuse pas ; si elle se livre à des dépenses exagérées, les bornes de son mandat sont dépassées et il cesse de plein droit. (Alger, 19 mars 1874.)

Telle est la composition générale du passif commun. Nous en aurions fini avec notre chapitre, s'il ne nous restait deux questions spéciales de la plus haute importance à traiter, celle de la constitution de dot et celle du passif d'une société réduite aux acquêts immobiliers.

§ IV. — Constitution de dot.

L'obligation de doter les enfants communs a toujours été aux yeux du législateur une conséquence directe du mariage. Frappé de l'importance de ce devoir, il s'est occupé de régler minutieusement les conséquences de son exercice, soit dans le régime de la communauté, soit dans le régime dotal, et a posé pour chacun deux des règles différentes. (1438-1440, 1544-1546.)

De là, se pose pour nous la question de savoir quelle est de ces deux séries de règles, celle que nous devons appliquer. Le conflit se pose dans deux cas : 1º lorsque le père a doté seul sous le régime légal, il engage la communauté ; sous le régime dotal, il n'oblige que lui seul ; 2º lorsque le père contracte avec la seule assistance de la mère : s'ils sont époux communs, ils sont obligés conjointement ; si la femme est dotale, le seul fait de son assistance ne l'engage pas. Comment régler ce double conflit ?

Remarquons, tout d'abord, que l'obligation actuelle de doter diffère quant aux personnes sur lesquelles elle pèse, de ce qu'elle était dans le ressort du Parlement de Bordeaux. Autrefois, le devoir de doter incombait en principe au père, puis subsidiairement à la mère. Aujourd'hui, les deux époux sont sur la même ligne et supportent également cette obligation. C'est ce principe qui a porté la doctrine et la jurisprudence à décider qu'il fallait appliquer ici les règles du régime de communauté à l'exclusion de celles de la dotalité. L'obligation de doter pèse à la fois sur les deux époux, elle est donc à la charge de leur patrimoine commun et, pour tout ce qui concerne les biens communs, on sait qu'il faut en principe appliquer les règles de la communauté légale. (Bordeaux, 12 décembre 1834.)

Tel est le raisonnement universellement admis. Pour nous, nous ne le trouvons juste que sous le bénéfice d'une distinction : s'agit-il du premier cas de conflit, de celui où le père a agi seul, nous en admettons parfaitement l'application; la société d'acquêts doit être engagée contrairement à ce qui se passait dans cette hypothèse en pays de Droit écrit. S'agit-il au contraire du second cas, c'est-à-dire de statuer sur une obligation personnelle à la femme, nous pensons que l'adoption par elle faite du régime dotal, comme base de ses conventions matrimoniales, manifeste suffisamment son intention de recourir aux règles protectrices de ce régime : aussi, nous appliquerons dans ce cas l'article 1544, et nous déciderons, avec l'ancienne jurisprudence du Parle-

ment de Bordeaux, que la seule assistance de la
femme à la constitution de dot ne suffit pas pour l'o-
bliger personnellement.

§ V. — Passif de la société réduite aux acquêts
immobiliers.

La validité de la rédaction d'une société conjugale
aux acquêts immobiliers a longtemps été révoquée en
doute ; aussi, les jurisconsultes ont-ils d'abord regardé
comme inutile de s'occuper des règles particulières
à une semblable société. Ce n'est que depuis que la
jurisprudence s'est prononcée pour la validité de la
clause elle-même que s'est posée la question que
nous allons discuter.

L'actif de cette société est limité, son passif doit-
il l'être aussi, et s'il doit l'être, d'après quelles
règles ; ou au contraire la société d'acquêts immobilière doit-elle supporter toutes les dettes qui seraient
à la charge d'une société d'acquêts ordinaire, tels
sont les termes de la question. Pour être relativement récente, la controverse n'en n'est pas moins
vive : six opinions se partagent cette matière, quatre
d'entre elles sont généralement condamnées, mais
les deux autres comptent un nombre égal de partisans et aucune d'elles n'a jusqu'ici, en doctrine du
moins, triomphé de l'autre.

Examinons d'abord, pour mémoire seulement, les quatre opinions rejetées.

1er *Système.* — Le mari doit supporter toutes les dettes sociales, le fonds commun doit rester libre de toute charge, car l'adoption de la société d'acquêts est, de la part de la femme, un forfait (1522) en vertu duquel elle abandonne à son mari tous les acquêts de nature mobilière, à charge par lui de payer toutes les dettes qui d'après les principes généraux devraient être communes.

2e *Système.* — Les dettes sociales pèsent en principe sur les meubles acquêts ; cependant s'ils ne suffisaient pas à les acquitter, les créanciers pourraient recourir subsidiairement sur les immeubles communs.

Ces deux opinions qui ressortent du même principe lui doivent leur abandon. En effet, si un forfait de communauté est licite, par contre aucun texte n'autorise à l'ériger en présomption. Nous croyons donc qu'il faut rejeter ces deux opinions, sous cette réserve, cependant, qu'au cas où il résulterait des termes employés par les époux dans leur contrat de mariage, qu'ils ont entendu consentir une clause de forfait, cette stipulation très-licite en elle-même (1387, 1522) devrait être respectée.

3e *Système.* — Les dettes doivent se répartir entre le mari et la société, de la même façon que les biens acquêts ; les dettes mobilières seront à la charge du mari, les dettes immobilières à la charge de la société. Cette opinion, que nous approuvons dans son principe, nous semble répréhensible quant à l'application qu'elle en fait; sous l'ancienne jurisprudence elle eût été équitable, aujourd'hui que les dettes immobilières sont fort rares elle est inadmissible. Sans doute elle a pour elle la répartition établie au début de la communauté légale entre les dettes personnelles des époux, mais cette répartition elle-même est universellement blâmée, et la seule qui conduise à des résultats équitables est celle qui ne distingue pas d'après la nature des dettes, mais d'après leur quotité.

4e *Système.* — On ne peut pas établir *a priori* de régle de répartition, tout dépend du résultat de la société; si tous les acquêts sont immeubles, toutes les dettes seront sociales; s'ils sont meubles, elles pèseront sur le mari; s'il en existe d'uns et d'autres, une répartition proportionnelle entre le mari et la société d'acquêts aura lieu.

Ce système n'a pas d'individualité, il se ramène en dernière analyse à celui que nous exposerons en dernier lieu; la manière de le présenter diffère seule. Aussi est-il inutile de nous en occuper.

Arrivons, enfin, à l'examen des deux opinions entre lesquelles s'agite le véritable débat.

5e *Système* (1). — C'est à cette opinion qu'après quelques hésitations s'est rangée la jurisprudence par

-----

(1) V. un article de M. Paul Pont, l. III de la *Revue critique*, p. 910 et s.

un célèbre arrêt de la Cour de Cassation du 30 août 1852. Sa formule est que toutes les dettes doivent peser sur la société.

Cette solution, assez bizarre en apparence, laissait désirer une justification.

Par suite, les arguments ne lui ont pas manqué. Voici les principaux : on a allégué en sa faveur et l'ancien usage normand qui, paraît-il, était en ce sens et les principes généraux. La société d'acquêts immobiliers est avant tout une société d'acquêts ; elle doit donc emprunter aux principes généraux les règles qui gouvernent son passif. Or, ces règles sont bien simples, elles découlent de la maxime *non sunt bona nisi deducto œre alieno*, il n'y a d'actif qu'après le prélèvement des dettes qui sont à la charge de la société. On invoque aussi l'équité, pourquoi faire supporter au mari, au mépris des droits qu'il tient de ses conventions nuptiales, une part quelconque dans les dettes communes, alors qu'il reste encore quelque chose dans le fonds social, cet ensemble de biens naturellement destinés à l'acquittement de pareilles dettes ? Enfin, les partisans de cette opinion vont jusqu'à dire qu'admettre une division de dettes, c'est nier l'existence de la société d'acquêts, priver de tout effet cette stipulation après en avoir préalablement reconnu la validité, c'est tomber en contradiction avec soi-même.

Tous ces arguments seraient concluants, sans un vice qui leur est commun : ils exigent, pour être justes, que l'on présuppose que toutes les dettes qui dans une société d'acquêts ordinaires sont communes, ont encore ce caractère dans l'hypothèse qui nous occupe, or, c'est là précisément le point en litige ; il y a donc dans l'opinion que nous venons d'exposer une pétition de principe, et nous nous rangeons de préférence au système de la division proportionnelle.

6e *Système*. — Les dettes doivent être réparties entre le mari et la société, au prorata des acquêts qui leur adviennent.

Cette formule est à notre sens la seule admissible ; nous dirons même avec M. Marcadé « que notre intelligence se refuse à comprendre un autre système quel qu'il soit. » (1).

Non-seulement, en effet, cette solution a pour elle sa simplicité, ses apparences d'équité, mais encore elle nous paraît être la seule qui soit conforme aux principes du droit. Le grand principe *non sunt bona nisi deducto œre alieno* la commande. Que désigne ici l'expression *bona* sinon les biens que l'*œs alienum* a procurés, c'est-à-dire tous les acquêts sans distinction de nature mobilière ou immobilière ? Et cette interprétation est encore confirmée par cet autre brocard non moins général : *Universi patrimonii œs alienum est.* Au point de vue des textes, le renvoi contenu dans l'article 1581 ne conduit-il pas à la même solution, en décidant que l'ensemble du passif correspondant aux acquêts se paiera sur la masse par eux

_____

(1) *Revue critique*, t. III, p. 90 et s.

formée? Il résulte bien de là que du moment où l'on distrait des fonds communs une quote-part d'actif, une partie égale de passif en doit aussi être ôtée.

3° Enfin, il est inutile de faire remarquer que notre solution est seule conforme aux règles de l'équité, qu'en admettant le système précédent on peut arriver à ce résultat absurde de permettre au mari d'user de son crédit pour faire un grand nombre d'acquisitions à lui propres, et de mettre à la charge de sa femme les dettes qui ont eu pour objet direct son enrichissement. Cette considération seule suffirait à notre avis pour faire triompher le système de la proportionnalité. La jurisprudence cependant le rejette ; nous ne trouverons en faveur de notre opinion qu'un arrêt de Caen du 31 mai 1828 ; aussi nous nous en consolons en pensant qu'elle est déjà tombée dans bien d'autres aberrations dont elle est toujours revenue.

CHAPITRE III.

De l'Administration.

Nous devons distinguer, au point de vue de l'administration, quatre patrimoines distincts, celui du mari,
celui de la société, les biens dotaux et les biens paraphernaux.

L'adoption du régime dotal avec société d'acquêts
ne change absolument rien aux principes qui régissent l'administration des biens du mari; nous n'avons
donc pas à nous en occuper. Par contre, les trois
autres masses, bien communs, bien dotaux, bien paraphernaux, suivent chacune, quant à leur administration, des règles spéciales : nous allons les étudier.

SECTION Ire.

ADMINISTRATION DES BIENS COMMUNS.

L'administration des biens communs nous présente deux points à examiner : 1° sur quels biens porte cette administration ; 2° quelles en sont les règles.

§ 1er. — BIENS SOUMIS EN TANT QUE COMMUNS A L'ADMINISTRATION DU MARI.

Il semble, au premier abord, que poser cette question, c'est la résoudre ; les biens communs étant ceux que nous avons énumérés précédemment comme constituant l'actif de la société d'acquêts. Ceux-là sans doute sont le principal objet des règles que nous allons exposer, mais ils n'en sont pas l'objet exclusif. Il existe certaines catégories de biens qui, quoique ne pouvant figurer dans l'actif social, sont cependant confondus avec les éléments de cet actif et partant soumis aux mêmes règles quant à leur administration;

. nous en pouvons compter jusqu'à quatre classes qu'il est nécessaire de connaître :

1º La volonté des époux, grâce à la toute-puissance que leur confère l'article 1387, peut avoir pour effet de faire tomber en société des choses qui par leur nature étaient destinées à rester propres : c'est ainsi que malgré la stipulation de société d'acquêts, une partie des biens présents ou futurs des époux peuvent être par eux mis en commun, sauf récompense. Cette clause, qui n'a en apparence d'autre but que de défaire en détail ce que les époux ont entendu faire en général par leur contrat de mariage, a cependant une grande utilité dans certains cas : elle substitue, relativement à certains objets, à une reprise en nature une reprise en valeur, singulièrement plus avantageuse, surtout lorsqu'il s'agit de meubles qu'un usage prolongé altère et détériore. C'est en considération de cette utilité que de nombreux auteurs ont de nos jours décidé, à la suite de Pothier *(Communauté*, nº 325), qu'une stipulation de communauté d'acquêts n'avait pas pour effet de réserver aux époux la propriété de leur mobilier présent et futur, mais seulement de leur assurer à la dissolution une reprise égale à la valeur dudit mobilier. Ce n'est point ici le lieu d'apprécier les raisons qui peuvent faire adopter ou rejeter ce système : contentons-nous d'observer qu'il statue sur une question qui ne saurait, en matière de société d'acquêts, faire la moindre difficulté. Dans un régime, où, comme dans la communauté d'acquêts, la communication des biens est la règle et leur réalisation l'exception, la question de savoir si cette réalisation est, quant au mobilier, parfaite ou imparfaite, se comprend ; mais dans un régime de séparation comme le nôtre, cette présomption est renversée et par suite aucun doute n'est plus possible et le mobilier d'un époux, qu'il soit présent ou futur, lui reste certainement en pleine propriété.

2º Les choses consumptibles tombent nécessairement en société, car pour elle l'usufruit « *in abusu consistit* » et la société pour en jouir doit nécessaiment avoir le droit de les consommer.

3º Une solution analogue est revendiquée par les choses qui sont naturellement destinées à la vente, ce sont les choses fongibles. Elles ont pour caractère de n'avoir en quelque sorte aucune individualité propre ; leur quantité fait leur prix ; dès lors, on comprend que la société puisse en jouir librement à charge de reproduire à la dissolution, une même quantité de choses analogues où le prix nécessaire pour se la procurer. Nous donnerons comme exemple les articles que contient le fonds de commerce apporté par l'un des époux, un troupeau, etc.

4º Enfin, doivent tomber en propriété dans le fonds commun, et, par suite être soumises aux règles d'administration qui la gouvernent, les choses estimées par contrat de mariage. Ce point n'a pas été accepté sans quelques contestations. Toullier a laissé son nom à une opinion qui refusait à l'estimation cette conséquence ; ce système est mort avec son auteur, et aujourd'hui la proposition que nous avons émise peut à bon droit passer pour incontestée. Elle se justifie du reste pleinement si l'on remarque qu'elle n'est que la suite des traditions romaines, la traduction de l'adage : *æstimatio facit venditionem* (1). De plus elle est commandée et par l'article (1551) qui l'applique au régime dotal, et par la règle qui veut que les conventions soit interprétées plutôt dans le sens où elles peuvent produire quelque effet que dans celui où elle n'en peuvent produire aucun (1157).

§ II. — Règles d'administration.

Il faut appliquer à la société d'acquêts les principes d'administration posés par le législateur pour la communauté légale : tel est le principe général en cette matière ; principe incontestable et incontesté, car il s'agit ici exclusivement de biens communs et nulle raison par conséquent ne peut s'opposer à l'application des renvois contenus dans les articles 1581 et 1528, renvois qui nous ramènent aux règles d'administration des fonds communs sous le régime de communauté légale (1420 et suiv.)

Il serait doublement inutile de donner ici l'explica-

---

(1) Cet adage est la formule d'une doctrine romaine que l'on retrouve mentionnée dans de nombreux textes (1084 ; 42, *de pec.*, Dig., xxiii, 3).

tion des articles 1420, 1421 et 1422, qui n'offrent rien
de particulier à notre matière. Nous nous contente-
rons donc de résumer en quelques grands traits la
situation du fonds social pendant son existence.

Le mari est administrateur légal et nécessaire (1388)
du fonds social : en sa personne il résume deux caractères, étant dans ses rapports avec sa femme un
simple mandataire légal, doué il est vrai de pouvoirs
fort étendus, et pouvant dans ses rapports avec les
tiers être réputé à bon droit, aujourd'hui comme
autrefois, seigneur et maître de la communauté. Ses
pouvoirs s'analysent en trois propositions : 1° il administre le fonds commun (1420), son mandat est
à cet égard celui d'un administrateur *cum libera* et
s'étend à tous actes d'administration sans exception
aucune. Il peut, il est vrai, le déléguer à sa femme,
mais sa responsabilité, même dans cette hypothèse,
lui reste propre et ne peut être partagée par l'épouse.
Celle-ci sera l'instrument dont le mari se servira pour
administrer, mais les conséquences des actes accomplis ne feront que passer sur sa tête pour s'arrêter
directement et définitivement sur celle du mari.

2° Le mari peut faire librement tout acte à titre
onéreux ; c'est ici que commence le caractère spécial
et tout exceptionnel de son mandat. Il peut donc
aliéner à son gré les biens communs, pourvu que
cette aliénation soit faite en retour d'un équivalent.

Cet équivalent dans notre opinion sera commun,
quelle que soit sa nature et alors même qu'une clause
spéciale du contrat tendrait à l'attribuer exclusive-

ment à l'un ou à l'autre des époux ; nous avons déjà fait remarquer que ce point est très controversé.

3° Enfin, certains actes à titre gratuit sont permis au mari par les articles 1422 et 1423. Quelles sont les limites de ce pouvoir exorbitant, les textes précités nous l'apprennent, et il n'y a pas lieu de le répéter ici, la société d'acquêts suivant sur ce point les règles de la communauté légale. Toutefois nous rencontrons à ce sujet une exception au principe général de l'assimilation, voici l'hypothèse : il faut supposer que le mari a fait une libéralité excédant ses pouvoirs, qu'il a par exemple donné entre-vifs un immeuble commun, mais qu'il s'est muni pour cela de l'adhésion de la femme. Cette adhésion confirme-t-elle la donation ? L'affirmation résulte, sous le régime de la communauté légale, d'une jurisprudence constante (Cass., 31 juillet 1867); elle doit être également adoptée pour la communauté réduite aux acquêts. Mais dans notre régime de société d'acquêts une raison spéciale oblige à en décider autrement. En validant par son adhésion la donation irrégulièrement faite par le mari, la femme diminue le gage que lui garantit l'exercice de ses prises dotales ; sa ratification équivaut ici à une renonciation partielle à se servir de son hypothèque légale, renonciation qui lui est impossible par suite de l'inaliénabilité de sa dot mobilière.

Nous croyons donc que l'adhésion de la femme viendrait vainement sous notre régime confirmer une donation faite en dehors des termes des articles 1421 et 1422.

Le même principe de conservation, essence du

régime dotal, motive encore sur ce point une solution particulière : contrairement à ce qui se passe sous la communauté légale, on doit décider que l'adhésion donnée par la femme à une donation du reste parfaitement licite ne l'engage point, et qu'elle se libérera de toute responsabilité envers le donataire par une renonciation ultérieure à la société d'acquêts.

Finissons sur ce sujet par deux observations générales :

1° Le mari, en raison des pouvoirs que lui confère la loi, n'est pas obligé à donner caution d'administrer en bon père de famille. Il n'est pas non plus tenu de rendre compte.

2° Tous actes d'administration peuvent être annulés à la requête de la femme, s'il est prouvé qu'ils ont été faits en fraude de ses droits (1167).

Récompenses. — On sait que le principe des récompenses, dû à notre ancien Droit, a été maintenu dans le Code civil, par suite de la nécessité qui existe pour le législateur de maintenir deux époux associés dans l'égalité la plus parfaite en ce qui touche leurs rapports avec le patrimoine commun.

Ce principe s'étend, avec toutes ses conséquences, au régime dotal, lorsque les époux y ont adjoint une société d'acquêts. Nous retrouvons là et les mêmes hypothèses de récompense et le même taux employé pour leurs fixations. Enfin, les règles mêmes qui touchent soit aux intérêts qu'elles peuvent produire, soit à leur exercice, lors de la dissolution, sont communes aux deux régimes. Sur tous ces points, nous renvoyons donc aux règles de la communauté légale.

Nous nous bornerons à quelques remarques propres à notre sujet :

1° Le nombre des récompenses dû par l'un des époux à la société d'acquêts est nécessairement beaucoup moindre sous notre régime que sous celui de la communauté. Le plus souvent, en effet, c'est par suite de réparations faites à ses immeubles, au moyen des deniers communs, du paiement d'une dette propre, ou, en général, d'une dépense faite par la communauté dans l'intérêt exclusif d'un époux, que celui-ci doit récompense au fonds commun. Ces frais sont alors supportés par la caisse commune, parce que le plus souvent l'époux n'a pas en propre de valeurs mobilières; si, au contraire, il est associé aux seuls acquêts, il garde la propriété de son mobilier et s'en sert pour toutes les dépenses que nécessite l'entretien de son propre (1).

Une autre suite de la réalisation du mobilier est que les récompenses dues par le fonds commun aux époux, suivant une marche inverse, deviennent beau-

_____

(1) Notre proposition semble inexacte à première vue, puisque tous les deniers des époux tombent en propriété dans le fonds commun, par suite de son quasi-usufruit. Aussi, doit-elle s'entendre en ce sens que la récompense, due à la communauté pour une cause quelconque, sera compensée à la dissolution avec l'action en reprise de ses deniers propres; en fait donc, la récompense n'existe pas.

coup plus fréquentes sous la société d'acquéts que sous la communauté légale.

2° Il est un cas de récompense que ne comporte pas la société d'acquêts, c'est celui où l'époux doit indemnité à la communauté, parce que sa part immobilière, à la suite d'un partage, a dépassé celle qu'il aurait dû régulièrement avoir, eu égard à la composition de la succession. Tous les biens qui échoient aux époux leur restant propres, la société n'a aucun droit, et cette récompense disparaît, faute de cause.

3° La jurisprudence a décidé que récompense était due à la société pour paiement du prix d'un immeuble propre, alors même que ce prix consistait dans les arrérages d'une rente viagère. (Cassation, 13 juillet 1863.) Cette décision semble sage, car si l'on n'admettait pas, en pareil cas, l'existence d'une récompense, il y aurait enrichissement de l'époux acquéreur aux dépens de la société.

4° L'arrêt précité ne statue pas sur la question de savoir quel doit être le chiffre de cette récompense. Nous croyons qu'elle doit être égale, non pas à la somme des arrérages payés, mais bien à l'excédant de cette somme sur les fruits de l'immeuble acquis : c'est, en effet, cet excédant qui représente la partie ferme du prix de vente. Ce mode d'évaluation a, du reste, été consacré par un arrêt de Bordeaux, du 10 août 1871.

5° Bien qu'en règle générale les récompenses ne

portent intérêt que du jour de la dissolution, il a été décidé par une jurisprudence toute récente (Paris, 9 mai 1878) que lorsqu'un époux marié sous le régime de la communauté se serait déclaré faussement franc et quitte de toute dette, la communauté aurait droit à récompense, non-seulement du capital, mais encore des intérêts de la dette qu'elle aurait payée pour lui. Cette solution exceptionnelle est basée sur ce que dans le cas où une fraude a été commise par l'un des époux, la communauté a droit à être indemnisée de l'intégralité du préjudice qu'elle lui cause.

Tels sont les principes fondamentaux de l'administration des biens communs. Terminons par une comparaison entre notre Droit actuel et l'ancienne jurisprudence du Parlement de Bordeaux.

La société d'acquêts du Parlement de Bordeaux avait emprunté à la communauté coutumière ses règles d'administration. Le Code civil a suivi son exemple : de là, on peut poser en principe que les règles actuelles d'administration sont les mêmes que les anciennes.

Cependant, il importe de remarquer que si le mari était vraiment, dans l'ancien Droit, seigneur et maître des fonds sociaux, il ne l'est plus absolument aujourd'hui.

Les ressemblances qui existent entre le Droit ancien et le Droit actuel sont trop nombreuses pour pouvoir faire l'objet d'une énumération; aussi, allons-nous seulement passer en revue les différences de détail qui donnent à chacune des deux législations

un caractère particulier. Il est impossible d'en signaler au point de vue des actes d'administration ou
de dispositions à titre onéreux ; partout le pouvoir du
mari est aussi étendu. Par contre, dans les actes à
titre gratuit, on constate certaines variations en ce
qui concerne soit les libéralités entre-vifs, soit les
libéralités à cause de mort.

L'ancien Droit était, au point de vue du pouvoir
accordé au mari de donner entre-vifs, à la fois plus
large et plus sévère que le Droit actuel.

Il était plus large à trois points de vue : 1º il permettait les donations immobilières ; 2º il validait les
donations universelles mobilières, pourvu qu'elles fussent faites sans fraude ; 3º il n'annulait pas les donations faites avec réserve d'usufruit, telle était du
moins l'opinion qui avait triomphé.

Sous d'autres rapports, l'ancien Droit se montrait
plus sévère que le Droit moderne.

Ainsi, 1º il admettait un certain nombre de présomptions légales de fraude : chez nous, au contraire,
c'est toujours à celui qui se plaint de la fraude à la
prouver ;

2º Il annulait les donations faites par le mari à
son héritier ou aux personnes dont il était l'héritier ;

3º Il ne reconnaissait pas les libéralités faites par
le mari à sa concubine ou à l'enfant qui en était issu,
tout autant de différences avec notre Droit (1).

_____

(1) Il est cependant admis par la jurisprudence actuelle, que
s'il était établi en fait qu'une donation faite à un enfant avait
eu sa cause dans une filiation naturelle non reconnue, elle devrait être annulée comme ayant un caractère illicite.

Si l'on passe de là aux libéralités faites à cause de mort, on remarque deux différences :

1º L'ancien Droit reconnaissait deux manières de les exécuter, la donation à cause de mort et le testament : ce dernier seul est possible aujourd'hui ;

2º Un parti considérable décidait autrefois que la libéralité d'un acquêt faite par le mari dans une disposition de dernière volonté, n'était valable que pour sa part même à l'encontre de ses héritiers : de nos jours, la solution contraire est universellement adoptée (1423).

A part ces quelques différences, l'administration de la société d'acquêts est restée aujourd'hui ce qu'elle était autrefois.

SECTION II.

ADMINISTRATION DES BIENS DOTAUX.

Cette section traitera de l'influence de l'établissement d'une société d'acquêts sur les pouvoirs du mari administrateur des biens dotaux. Nous examinerons successivement quels sont les biens dotaux, à quelles règles est soumise soit la jouissance, soit l'administration de ces biens, et enfin ce que devient sous notre régime l'inaliénabilité dotale.

§ I. — Quels sont les biens dotaux.

La stipulation d'une société d'acquêts n'influe en rien sur la distinction des biens de la femme en dotaux et en paraphernaux; elle reste soumise aux règles du régime dotal, et peut se résumer en deux propositions :

1° En thèse générale, la paraphernalité est la règle, et la dotalité l'exception.

2° En ce qui concerne les biens donnés à la femme par contrat de mariage, cette proposition est renversée : la dotalité devient la règle, et la paraphernalité l'exception (1541).

Cependant, deux observations sont à faire pour le cas où une société d'acquêts a été jointe au régime dotal :

1° La société profitant des fruits de l'industrie des époux, il n'y a pas, pendant sa durée, lieu de soulever la question de savoir si les produits du travail de la femme ont une *qualité dotale* ou *paraphernale*. Mais si la séparation de biens vient dissoudre la société, la question recommence à se poser.

2° On peut se demander si la part d'acquêts qui revient à la femme après le partage doit être considérée comme dotale. Pour que cette question puisse s'agiter, il faut supposer que la femme s'est consti-

tué en dot ses biens à venir et que la société s'est
dissoute le mariage existant encore, c'est-à-dire que
la séparation des biens a été prononcée.

Dans cette hypothèse, on peut invoquer en faveur
de la dotalité de la part de la femme dans les acquêts,
la constitution de dot et la volonté de la femme qui,
en stipulant une société d'acquêts et en frappant de
dotalité ses biens à venir, a paru vouloir conférer
cette qualité aux biens qui résulteraient pour elle de
l'association conjugale. Ce système soutenu devant le
Tribunal de Rouen s'est vu rejeté par jugement du 10
février 1844, successivement confirmé par la Cour le
25 juin 1844 et par Cassation, le 25 juin 1847.

Cette jurisprudence nous paraît avoir apprécié sai-
nement l'intention des époux. On ne peut présumer,
en effet, qu'une constitution de biens à venir révèle
l'intention de rendre dotaux les acquêts à provenir
de la société formée. Ces biens forment une classe à
part, ils ont leur nature propre, ils ont aussi leur
destination particulière et il semble beaucoup plus
vraisemblable d'affirmer que la stipulation d'une société d'acquêts implique tacitement à leur égard une
convention de paraphernalité. De plus, l'opinion que
nous repoussons est en désaccord avec les principes
généraux de la disponibilité; elle aboutit à faire des
acquêts une classe de biens d'abord aliénable, ensuite
inaliénable, et enfin de nouveau aliénable entre les
mains de la même personne; enfin, il y a là une dotalité, mais une dotalité subordonnée à l'acceptation de
la femme, c'est-à-dire conditionnelle et qui, comme
telle, tombe sous la prohibition d'apporter aucun

changement aux conventions matrimoniales après le
mariage (1395). Ces raisons nous semblent concluantes : cependant, nous réservons le cas où une
clause expresse du contrat de mariage frapperait de
dotalité les biens en question.

§ II. — Jouissance des biens dotaux.

Le mari, sous la société d'acquêts jointe au régime
dotal, est toujours administrateur de la dot, mais il
n'est plus usufruitier. De là naissent de profondes
différences entre le régime dotal pur et notre régime
mixte. Sous ce dernier, en effet, le mari ne jouit plus
de la dot en son nom personnel, mais au nom de la
société dont il est le chef. De là, de nombreuses différences, dont voici les principales :

1º Les fruits des biens dotaux ne se partagent plus
à la dissolution, conformément aux règles tracées par
l'article 1571, mais ce sont les principes du régime
en communauté que l'on suit en pareille hypothèse :
tous les fruits pendants par branches ou par racines
sont attribués à la femme.

2º Le mari ne peut plus employer librement les
revenus de la dot dans son intérêt personnel; tout
enrichissement qu'il se procure par leur moyen le
rend sujet à une récompense envers la société d'acquêts.

3° La présomption *Quintus Mucius* n'est pas applicable à notre régime. Cette présomption qui, comme son nom l'indique, a sa source dans la loi *Quintus Mucius* (51 D. *De donat int. vir. et ux.*, XXIV, I) consiste à faire réputer issues des deniers du mari toutes les acquisitions réalisées par la femme dotale au cours du mariage. Du Droit romain elle a passé dans notre législation. Justifiée par le droit de jouissance du mari sur les biens dotaux, on conçoit qu'elle ne s'applique pas telle quelle à notre régime.

La jouissance des biens dotaux appartenant à la société d'acquêts, on doit lui appliquer la présomption *Quintus Mucius* et décider que toutes les acquisitions réalisées par la femme seraient, jusqu'à preuve contraire, censées faites au moyen des deniers communs. Cette présomption résulte, en outre, des articles 1499 et 1402.

4° Toutes les fois où la propriété des biens dotaux est attribuée au mari usufruitier, soit par suite de leur nature, soit par suite de la volonté des époux, on devra la transporter à la société d'acquêts.

5° Le mari usufruitier de la dot (1562) n'est tenu ni de donner caution, ni de rendre compte. Nous ne lui imposerons pas non plus ces obligations en sa qualité de chef de la société d'acquêts, à cause des pouvoirs étendus d'administration qu'il tient de la loi.

Remarquons, en finissant, que, sous la société d'acquêts comme sous le régime dotal, la femme peut valablement se réserver en propre une part dans la jouissance de ses biens dotaux, et l'affecter à ses dépenses personnelles (1459, § 3).

H

§ III. — Administration des biens dotaux.

Le mari est sous le régime en communauté comme sous le régime dotal, administrateur des propres de sa femme (nous ne parlons ici que des biens dotaux). Mais il existe entre ces deux situations trois grandes différences :

1° Le mari *a seul* (1549) l'administration des biens dotaux ; au contraire, le mari commun a aussi l'administration des propres de sa femme ; mais concurremment avec elle, pourvu qu'elle se fasse relever de son incapacité générale à contracter (217, 223) ;

2° L'exercice des actions mobilières et immobilières relatives à la dot appartient au mari dotal et à *lui seul ;* sous le régime de communauté, il appartient également à la femme, à charge de se faire préalablement autoriser à ester en justice (215) (1) ;

3° L'exercice du pétitoire appartient au mari à

_____

(1) Le mari dotal, s'il a seul l'administration et l'exercice des actions, peut cependant y renoncer au profit de sa femme et nous pensons que le fait d'autoriser à agir devrait faire présumer cette renonciation. Il résulte de là que la seule conséquence pratique des différences que nous avons signalées consiste en ce que la femme ne pourrait valablement procéder à de pareils actes après s'être fait autoriser par justice.

l'occasion des biens dotaux ; il ne lui appartient pas à l'occasion des propres de communauté.

Ces différences étant signalées, quel parti prendrons-nous au sujet des pouvoirs du mari, chef d'une société d'acquêts, lui accorderons-nous les droits mentionnés par l'article 1428 ou ceux plus étendus que confère l'article 1549 ?

En faveur de la première solution, on peut faire valoir trois arguments : 1º l'administration est une conséquence de la jouissance et doit en partager les règles ; 2º les pouvoirs étendus que comporte l'article 1549 se justifient par cette raison que le mari administre pour son propre compte la dot de sa femme ; il est vis-à-vis d'elle *procurator in rem suam*.

Dans notre hypothèse, cette cause n'existant pas, la conséquence qu'elle entraîne se trouve dépourvue de toute raison d'être ; 3º enfin, dans les questions douteuses, il faut suivre autant que possible le texte de la loi ; or, l'article 1581 renvoie bien évidemment pour cette question à l'article 1428.

Ces raisons n'ont séduit ni la doctrine ni la jurisprudence et à bon droit. Il s'agit ici des biens dotaux et d'eux seuls, nous devons donc suivre les règles qui leur sont relatives, d'autant plus que l'article n'a jamais eu, dans l'intention de ses rédacteurs, pour objet d'en écarter l'application. Il faut considérer ensuite que les droits exceptionnels de l'article 1549 n'ont pas été donnés au mari en considération de ses propres intérêts, mais bien plutôt comme une compensation des garanties exorbitantes qui assurent à la femme la conservation de son avoir. Nous

verrons bientôt que ces sûretés survivent pleinement
à l'adjonction d'une société d'acquêts; aussi ne doit-
elle pas nuire aux pouvoirs du mari.

Enfin, les précédents historiques nous poussent
encore à adopter cette solution que tant d'autres
motifs recommandent déjà. Nous poserons donc en
principe que les pouvoirs accordés au mari sur les
biens dotaux ne sont modifiés en rien, par la stipulation d'une société d'acquêts. Ce n'est point ici la
place de les décrire : ils appartiennent à la théorie
de la dot. Nous ferons cependant exception en ce qui
concerne deux questions particulièrement intéressantes que nous tenons à rappeler ici.

1º Le mari à qui l'article 1549 accorde l'exercice
exclusif du pétitoire relatif au fonds dotal peut-il
exercer seul l'action en partage des biens dotaux? On
a soutenu l'affirmative (trib. de Bergerac, 16 juillet
1869) en alléguant que l'article 818, qui réserve cette
action à la femme, est spécial à la communauté, qu'il
ne vise évidemment pas le régime dotal, puisqu'au
moment de la rédaction personne ne soupçonnait
qu'un titre spécial dût être réservé dans le Code
civil à ce régime conventionnel. On ajoute qu'il faut
s'en tenir à la généralité des termes de l'article 1549
et ne point introduire une exception dont il ne fait
pas mention.

Ce système est généralement repoussé. On admet
de préférence que, sans viser aucun régime nuptial
en particulier, l'article 818 n'a entendu accorder au
mari l'action en partage que pour les biens qui
doivent tomber en commun. De plus, l'action en

partage n'est pas en réalité visée par l'article 1549,
le mari a seul, au dire de ce texte, le droit de poursuivre *les débiteurs et détenteurs* de biens dotaux,
mais les copartageants ne sont, par rapport à la
femme, ni des débiteurs, ni des détenteurs de sa
dot. On voit donc que l'article 1549 est absolument
étranger à la matière et que, dans son silence, on
doit appliquer les principes généraux et donner à la
femme seule le pouvoir de poursuivre le partage de
ses biens dotaux (818) (en ce sens, Bordeaux, 30 mai
1871).

2° Le mari peut-il aliéner la dot mobilière? Cette
question est sans contredit une des plus controversées
de la dotalité, sa solution intéressant vivement le
régime mixte que nous étudions. Voici en résumé le
débat auquel elle a donné lieu. De nombreux jurisconsultes d'une grande autorité soutiennent que le
mari ne peut pas aliéner la dot mobilière. Leur opinion a été accueillie par la Cour de Lyon le 22 janvier 1850. A quel titre, disent-ils, le mari pourrait-il
disposer des meubles dotaux? Il est reconnu aujour-
d'hui qu'il n'a sur eux aucun droit de propriété;
quant à ses pouvoirs d'administrateur, quelque larges
qu'ils soient, ils ne peuvent aller jusque-là (1988).
Si l'article 1549 donne au mari le pétitoire, c'est
qu'il y est obligé; il s'agit là de poursuites à intenter
ou à soutenir, d'actes nécessaires qu'on ne peut empêcher le mari d'accomplir. Lorsqu'au contraire, il
s'agit d'actes volontaires d'aliénation, la situation est
tout autre : la femme propriétaire est là, c'est donc
à elle d'accomplir lesdits actes. Ce n'est qu'autant

que l'on immobiliserait son pouvoir entre ses mains,
en déclarant la dot mobilière aliénable qu'il faudrait
alors, dans l'intérêt du crédit public et de la prospérité sociale, permettre au mari de disposer de la dot
mobilière. Le pouvoir de disposer des meubles dotaux
n'est donc accordé au mari par aucun texte, il n'est
que la conséquence nécessaire d'un principe illogique,
celui de l'inaliénabilité de la dot mobilière.

Nous reconnaissons toute la force de cette argu-
mentation, cependant nos préférences nous poussent
vers le système adopté par la jurisprudence. Le
mari peut aliéner librement la dot mobilière de sa
femme, non sans doute comme propriétaire, mais à
cause des pouvoirs exceptionnels qu'il possède comme
administrateur. Cette solution se justifie au point de
vue des textes, en remarquant que l'article 1549 en
conférant au mari l'exercice du pétitoire lui donne
par là même le droit de transiger et, par conséquent,
de disposer ; nous ne prétendons pas tirer de là un
argument direct en notre faveur, mais il résulte bien
tout au moins de cette observation que le droit de
disposer n'est pas par sa nature, en dehors des pouvoirs d'un administrateur, quelle que soit l'étendue de
son mandat. Enfin nous ne nions pas que notre solution ne soit commandée surtout par des raisons de
nécessité pratique qui veulent que le mari, chef de
la société conjugale, réunisse en sa main le plus de
pouvoirs possible ; responsable de la dot de sa femme,
il doit pouvoir la conserver, comment pourra-il le
faire si on lui interdit de prévenir par des aliénations
faites en temps utile, les pertes et détériorations que

subissent si souvent les biens de nature mobilière?
(En ce sens, Paris, 18 décembre 1849 ; Caen, 13 juillet 1848 ; Bordeaux, 26 mai 1847; Cassation, 12 août 1846, 29 août 1849, 26 août 1851, 18 février 1851, 6 décembre 1859, etc.)

§ IV. — INALIÉNABILITÉ DOTALE.

Posons en principe que la stipulation d'une société d'acquêts ne touche en rien à l'inaliénabilité dotale, cette règle générale n'est que la conséquence d'une remarque que nous avons déjà faite : la société d'acquêts vient compléter le régime dotal, améliorer la position de la femme, ce serait donc aller contre le but de son institution que de lui donner pour effet de diminuer les garanties accordées à l'épouse par le législateur. Notre principe est la source de nombreuses difficultés, mais comme c'est à la dissolution qu'elles se produisent, ce n'est point ici le lieu d'en parler.

Pendant la durée de la société , au contraire , les intérêts de la femme restant entièrement séparés de ceux du fonds commun, nulle question n'est soulevée. Tout se passe comme sous le régime dotal pur. La dot immobilière est inaliénable de la part du mari qui n'en est pas propriétaire (1599) comme de celle de la femme qui est incapable d'en disposer (1554).

De même nous croyons avec la jurisprudence que la femme ne peut ni directement ni indirectement aliéner sa dot mobilière.

Par contre, nous venons de voir que pour obéir aux exigences du crédit public, ce pouvoir de disposition réside sur la tête du mari. Les jurisconsultes appliquent ordinairement à l'inaliénabilité sous le régime dotal avec société d'acquêts, et les mêmes principes que sous le régime dotal, et la même sanction et les mêmes exceptions.

Nous nous rangeons pleinement à leur manière de voir, sauf toutefois à ce dernier point de vue; nous croyons que la théorie des exceptions à l'inaliénabilité dotale doit être modifiée en quelques points, par suite de l'établissement d'une société d'acquêts.

Les exceptions à l'inaliénabilité dotale peuvent se répartir en deux groupes. Le premier, comprend les hypothèses où l'aliénation du fonds dotal est nécessitée par des obligations personnelles à la femme ou par les intérêts du fonds lui-même : rentrent dans cette catégorie la constitution de dot aux enfants d'un premier lit (1555), le paiement des dettes personnelles à la femme (1558, § 4), la faculté d'aliéner stipulée par contrat (1557), le partage (1558, § 6), et l'échange (1559) du fonds dotal. A toutes ces exceptions, rien n'est changé par suite de la stipulation d'une société d'acquêts, et elles subsistent dans les mêmes termes où le législateur les a posées.

Il n'en est pas de même des exceptions du second groupe : celles-ci ressortent de trois causes : constitution de dot faite à un enfant commun (1557), délivrance du mari de la prison pour dettes (1558, § 2), et fourniture d'aliments à la famille (1558, § 3) qui présentent ce caractère commun de peser sur des fonds communs sous le régime de la communauté légale. Sous notre régime où un fonds commun et une dot se trouvent juxtaposés, que décider, à qui faire supporter ces dépenses? Nous croyons qu'il faut sur ce point déroger au régime dotal et, suivant les règles de la communauté légale, imposer à l'actif social les frais de cette nature. Satisfaire aux besoins du ménage est, en effet, la destination naturelle du fonds commun : déjà l'ancien Droit ne faisait peser sur la femme la dot à constituer à un enfant commun, qu'à défaut de biens existant dans le patrimoine de la société. Nous devons suivre ses traces, et décider que l'aliénation du fonds dotal ne doit être permise pour les causes énumérées ci-dessus, qu'autant qu'il ne reste plus dans l'actif social aucun bien, car l'obligation de la femme continue à subsister à nos yeux, mais simplement comme subsidiaire à celle de la société.

SECTION III.

ADMINISTRATION DES PARAPHERNAUX

L'énoncé des règles qui déterminent quels sont les biens dotaux, nous apprend aussi à distinguer quels biens sont paraphernaux. Nous attribuerons donc cette qualité à tous les biens que la femme s'est constitués en dot, et à tous ceux qui lui ont été donnés par contrat de mariage avec clause de paraphernalité. Nous n'avons donc à nous occuper que' des principes d'administration auxquels sont soumis les paraphernaux. Demandons-nous d'abord qui doit les administrer.

Ici encore, nous touchons à une des questions capitales de notre matière, question qu'il importe d'étudier avec soin, car elle intéresse au plus haut degré soit les époux, soit les tiers. Le mari trouve dans la solution qui lui est donnée la limite exacte de ses pouvoirs; la femme en attend la détermination de l'objet de son hypothèque légale, les tiers enfin voient subordonné à cette même solution le sort des actes qu'ils ont passés avec le mari au sujet des paraphernaux de la femme.

Malgré son importance, ou peut-être à cause de
cette importance, cette question n'a pas encore pu
recevoir de solution définitive. Cependant, une opinion triomphe presque exclusivement en jurisprudence et semble assister à la chute des autres, c'est
celle qui attribue à la femme l'administration de ses
paraphernaux. La formule se base sur de nombreux
et forts arguments. Voici les principaux :

1º Par la stipulation de paraphernalité, la femme a
entendu se réserver l'administration de certains de
ses biens : cette volonté parfaitement licite doit être
respectée.

2º La société d'acquêts a été établie dans l'intérêt
de la femme : ce serait la retourner contre celle-ci,
la mettre, par conséquent, en contradiction avec son
but le plus direct, que de lui donner pour effet l'attribution au mari de l'administration des paraphernaux ;

3º Le Droit ancien laissait, en thèse générale, à la
femme le soin d'administrer ses biens paraphernaux,
et il fallait une disposition formelle de la coutume
pour déroger à cette règle ;

4º Les textes du reste conduisent à cette solution,
si l'on remarque que, d'une part, l'article 1581 désigne notre régime sous nom de société d'acquêts et,
par là, entend exclure toute idée de communauté, où
conformément aux règles générales, le mari aurait
l'administration de tous les propres de sa femme,

que, d'autre part, l'article 1498 est absolument concluant; il parle d'acquisitions réalisées par la femme :
au moyen de quels biens auraient lieu ces acquisitions, si l'on accordait à la femme l'administration de
ses paraphernaux ?

Ces raisons ont entraîné la jurisprudence qui,
tout entière, a adopté cette opinion en la corrigeant,
toutefois, par cette restriction que le droit d'administration concédé à la femme ne doit nuire en rien au
droit de jouissance de la société sur les biens des
époux : la femme, en conséquence, sera tenue de
verser entre les mains du mari, chef de la société
conjugale, les économies réalisées sur les revenus de
ses paraphernaux. (En ce sens, Agen, 30 mai 1845 ;
Cass., 15 juillet 1846 ; Agen, 17 mars 1852 ; Cass.,
14 novembre 1864.)

Ces arguments sont tous d'une certaine force, cependant aucun d'eux ne nous semble concluant. On parle
d'intention de la femme, mais la stipulation de société d'acquêts ne peut-elle pas, par elle seule mani-
fester suffisamment l'intention de la femme, d'abandonner à son mari l'administration de ses paraphernaux. On allègue son intérêt, mais, dans la plupart
des cas, n'est-elle pas, au contraire, intéressée à
laisser à un mari versé dans les affaires une administration qui ne constitue pour elle qu'une charge,
dont la nature de ses occupations habituelles lui rend
le poids beaucoup plus considérable. Enfin, on invoque les textes et on s'appuie sur le mot de société,
mot employé à Bordeaux, alors que cependant la jurisprudence du Parlement attribuait au mari l'admi-

nistration des paraphernaux, et on veut cependant lui donner sous notre législation, sans qu'il y ait à cela aucune raison plausible, une signification et une portée tout autres. Quant à l'argument tiré de l'article 1498, il tombe si l'on remarque que la femme peut fort bien avoir employé le produit de son travail personnel en acquisitions, et qu'alors, les dispositions de l'article 1498 se justifient sans qu'il soit besoin de leur faire produire aucun effet sur l'administration des paraphernaux. Nous pourrions ajouter dans le même sens nombre d'autres observations, celles-ci nous semblent suffire à prouver que si le système que nous venons d'exposer n'est pas mauvais en lui-même, du moins, il s'appuie sur des raisons détestables.

A nos yeux sa principale force lui vient de ce qu'il se borne à appliquer le Droit commun. Par contre, il est la source de difficultés pratiques considérables en obligeant la femme à verser en société les économies faites sur ses revenus.

C'est, nous croyons, pour les éviter au moins en partie que M. Troplong a proposé un système mixte. Son principe ne diffère pas du précédent, il laisse en tout cas à la femme l'administration de ses paraphernaux, mais il pose pour cette administration des règles toutes spéciales. Cette opinion s'analyse en une distinction entre les paraphernaux naturels, c'est-à-dire ceux qui sont directement unis par le contrat de mariage et les paraphernaux adventifs ou accidentels, qui adviennent à la femme en dehors de toute prévision et n'acquièrent cette qualité que parce qu'ils ne sont pas compris dans les termes de la constitution dotale. M. Troplong soumet les premiers aux règles suivies par la jurisprudence. Quant aux seconds il en laisse l'administration à la femme, mais en donne la jouissance à la société ; par suite la femme sera comptable envers son mari de tous les fruits et revenus qui proviendront de ceux-ci et devra les verser dans l'actif social au fur et à mesure de leur perception.

Indépendamment des difficultés pratiques qu'il soulèverait par l'obscurité de la distinction qu'il propose, ce système basé sur l'intention de la femme est universellement rejeté comme peu juridique. Et c'est avec raison : où trouver dans la loi une trace de la distinction sur laquelle il se base ? il n'y en a pas ; c'est donc un système de pure imagination et qui a été à bon droit écarté de la pratique.

Vient enfin une troisième opinion, antithèse de la première : elle attribue au mari l'administration des paraphernaux. De bons esprits l'ont soutenue et nous nous rangeons à leur avis, car elle nous semble à la fois plus juridique, plus pratique et plus équitable.

Elle est plus juridique, car elle continue la jurisprudence du Parlement de Bordeaux, et c'est à elle que le législateur du Code civil s'est référé lorsque par un texte spécial il a prévu l'établissement par les époux d'une société d'acquêts. De plus elle complète les pouvoirs du mari, chef de cette société, lui donne les moyens d'exercer le droit de jouissance dont la loi l'a pourvu sur les pharaphernaux, et ce titre seul est suffisant pour nous déterminer à lui

accorder la préférence. Enfin on peut remarquer
que ce système est en conformité parfaite avec les
principes généreux et ne fait que reproduire les
solutions données par le législateur dans des cas
analogues, ainsi (384) pour les parents usufruitiers
légaux des biens de leurs enfants, pour l'usufruitier
ordinaire (582 et s.) pour le mari, chef de la communauté (1428), pour le mari investi par la loi de la
jouissance des biens dotaux (1549).

Cette opinion est plus pratique ; elle présente en
effet l'avantage inestimable de maintenir dans le ménage l'unité d'administration et par suite l'unité d'autorité ; puis elle délivre la femme d'une charge pe-
sante, et à ce point de vue notre système n'est que
la consécration en droit de ce qui se passe toujours
en fait, car malgré la jurisprudence de la Cour suprême, la femme, dans la plupart des cas, s'empresse
d'abandonner à son mari le soin d'administrer ses
biens paraphernaux. Les tiers eux-mêmes gagnent à
cette solution, la situation du mari est à leur égard
beaucoup plus simple et ils n'ont plus à s'inquiéter
de la distinction des biens en dotaux et paraphernaux.

Enfin, nous avons dit que notre solution était plus
juste, et ce dernier caractère est chez elle le plus
apparent. Elle place en effet les biens des deux
époux sur la même ligne au point de vue du droit
de jouissance de la société, et n'avantage pas la
femme aux dépens du mari, comme la solution contraire. Cette dernière nous semble complétement inadmissible à ce point de vue, en ce qu'elle soumet

complétement la composition de la société au bon
plaisir de la femme. La caisse commune devant
comprendre les économies faites sur les revenus
des paraphernaux et la gestion desdits revenus étant
entre les mains de la femme, il ne tiendra qu'à cette
dernière de dépenser ses revenus à son gré et de
priver impunément l'actif social de toute participation.

Ces diverses considérations nous déterminent à
adopter ce dernier système, bien qu'il soit en général
peu suivi (V. cependant en ce sens Colmet de San-
terre sur l'article 1581, de Folleville *Revue pratique*, p. 39; trib. de Nérac, 4 avril 1845; trib. de
Reims, 28 février 1860; Cour de Riom, 13 mars
1860).

Nous croyons donc que le mari, chef de la société
d'acquêts, doit en cette qualité administrer les biens
paraphernaux de sa femme. Mais nous ne concluons
pas de là qu'il ait sur eux les mêmes pouvoirs
que sur les biens dotaux. La qualité de chef de la
société d'acquêts est pour lui la source du droit
d'administrer, elle doit aussi en être la limite; par
suite nous le placerons dans la même situation que le
mari commun vis-à-vis des biens propres de sa
femme. Spécialement en ce qui concerne les différences que nous avons relevées précédemment entre
l'article 1428 et l'article 1549, nous lui appliquerons
les solutions contraires à celles que nous avons données plus haut à propos de ses droits sur les biens
dotaux; en un mot, il est à notre point de vue
un mari commun.

Nous devrions reprendre et discuter ici, pour notre hypothèse, la question de savoir si les pouvoirs du mari, comme administrateur des paraphernaux de sa femme, vont jusqu'à l'autoriser à aliéner le mobilier de celle-ci. Ce point est également contesté, mais la discussion qu'il soulève ressemble trop à celle que nous avons examinée plus haut, à propos de la dot mobilière, pour qu'il soit utile de l'étudier dans ses détails. Il suffira donc de signaler ses différences avec la précédente.

Ici, ce n'est plus seulement la doctrine, mais encore la jurisprudence qui refuse au mari le droit d'aliéner.

La plupart des arrêts statuent à propos des créances propres de la femme; ils donnent invariablement au mari le droit de faire les actes nécessaires, recevoir un paiement, consentir en ce cas la mainlevée d'une hypothèque (Cass., 25 juillet 1843; id., 25 déc. 1863), mais ils lui refusent le pouvoir de consentir une cession ou en général un acte de commerce quelconque sur lesdites créances (Cass., 5 nov. 1860; 4 août 1862). Cette différence tient à ce que l'article 1428 bien qu'il ne prescrive pas formellement l'aliénation du mobilier propre par le mari, prohibe celle des immeubles. On étend aux meubles cette interdiction en disant que si le législateur ne l'a pas posée c'est parce que sous le régime de communauté légale, les époux ne doivent pas normalement avoir de mobilier propre.

Pour nous, malgré la dissidence de la jurisprudence, nous n'en persistons pas moins dans notre système

I

et décidons, à la suite de MM. Aubry et Rau (Dr. civ.,
§ 922), que même dans cette hypothèse on doit reconnaître au mari le droit d'aliéner le mobilier propre à
sa femme : nous avons précédemment expliqué les
raisons qui nous déterminent à prendre ce parti, nous
n'y reviendrons donc pas, car la plupart d'entre elles
s'appliquent au cas qui nous occupe et suffisent am-
plement pour justifier la solution que nous avançons.

Nous en avons fini avec l'administration des propres de la femme et, par là, avec l'examen de la société d'acquêts pendant son existence. Nous allons
maintenant assister à sa dissolution et en régler les
conséquences.

CHAPITRE IV.

Dissolution de la Société d'acquêts.

La société d'acquêts est au moins aussi intéressante à étudier dans sa dissolution que dans son existence : du moment, en effet, où elle cesse de fonctionner, le droit de la femme sur le fonds commun devient actuel et concourt avec celui de son mari. De là, de nombreuses questions que nous répartirons en trois chefs : 1° causes de la dissolution ; 2° preuve des apports des époux ; 3° droit d'option de la femme et ses conséquences.

SECTION Iʳᵉ.

CAUSES DE LA DISSOLUTION.

Comme la communauté légale, la société d'acquêts obéit, en ce qui concerne ses causes de dissolution, à

l'article 1441 : aux termes de ce texte la communauté se dissout : 1º par la mort naturelle; 2º par la
mort civile; 3º par le divorce; 4º par la séparation de
corps; 5º par la séparation de biens. De ces cinq motifs
de dissolution, deux ont disparu, le divorce aboli par
la loi du 8 mai 1816, la mort civile supprimée par
celle du 31 mai 1854. Restent donc les trois autres
causes, encore peuvent-elles se ramener à deux, car
la séparation de corps n'est pas une cause originale,
spéciale de dissolution de la communauté; elle n'entraîne cet effet que parce qu'elle implique nécessairement séparation de biens. Seules, en définitive, la
mort naturelle et la séparation de biens amènent la
dissolution de la société d'acquêts.

§ I. — Mort naturelle. — Absence.

La mort de l'un des époux dissout en tout cas la société d'acquêts. Le Code civil a suivi sur ce point les
traditions venues des pays de Droit écrit et abandonné,
même pour la communauté légale, la règle coutumière
qui décidait que le défaut d'inventaire pouvait faire
continuer la communauté entre l'époux survivant et
les héritiers du prédécédé. A défaut de l'ancienne pé-
nalité le Droit nouveau a créé (1442), pour l'obligation
imposée à l'époux survivant de faire inventaire, une
nouvelle sanction, consistant : 1º à permettre aux
héritiers du prédécédé la preuve par commune re-

nommée, s'il n'a pas été fait d'inventaire ; 2° à priver, s'il y a des enfants mineurs, le survivant de l'usufruit de leurs biens et à faire retomber sur le subrogé-tuteur la responsabilité solidaire des condamnations prononcées en leur faveur.

Cette sanction doit-elle être appliquée à notre régime de société d'acquêts ? Ce point ne saurait selon nous faire le moindre doute. D'une part, en effet, l'article 1581 renvoie à la communauté d'acquêts et par son intermédiaire à la communauté légale pour les règles qui doivent gouverner une société d'acquêts ; d'autre part, la disposition de l'article 1442 n'offre aucun caractère exceptionnel qui tende à la relier exclusivement à la communauté légale. Tout au contraire, édictant une présomption en faveur des enfants et une répression contre la fraude, elle mérite de recevoir son application toutes les fois où l'existence d'un fonds commun entre les époux vient la rendre possible.

Il existe en droit une situation qui se rapproche, dans son effet, de la mort naturelle; nous voulons parler de l'absence (120); en règle générale, elle donne ouverture provisoire aux droits subordonnés à la condition du décès de l'absent. Cependant, en matière de communauté, l'absence est régie par les principes exceptionnels de l'article 124, la déclaration d'absence n'ouvre plus nécessairement ici les droits des héritiers de l'absent, mais elle consacre en faveur de son conjoint un droit d'option : l'époux présent peut à son gré ou laisser appliquer la règle générale de l'article 120 ou en optant pour la continuation de la communauté en empêcher l'application et prendre en main l'exercice provisoire de tous les droits appartenant à son conjoint absent. L'article 124 soulève en notre matière deux questions. On peut se demander si lorsque des époux ont adopté le régime dotal avec société d'acquêts, le conjoint présent jouit du droit d'option que l'article 124 établit en faveur d'époux communs. Nous lisons dans Marcadé (sur l'art. 124, t. i, n° 393) qu'une opinion se base sur le caractère exceptionnel de l'article 124 et les principes généraux usités en matière d'exception pour décider que le droit en question ne saurait être distrait de la sphère pour laquelle il a été créé, la communauté légale, qu'on ne pourrait pas l'appliquer à la communauté conventionnelle, et à plus forte raison à une société d'acquêts jointe au régime dotal. Cette dernière stipulation reste donc soumise aux principes généraux de l'article 120.

Marcadé et avec lui toute la doctrine repousse cette interprétation. Son opinion nous semble juste : c'est en effet exagérer la rigueur des principes bien au delà des intentions de celui qui les a posés que de refuser, à cause de leur caractère exceptionnel, de les étendre à des situations analogues en tous points à celles en vue desquelles ils ont été créés.

Le droit d'option introduit par l'article 124 dans notre législation, a pour but d'épargner à la communauté les embarras et les frais d'une liquidation qui ne serait jamais que provisoire; partout où existe un fonds commun, fût-il réduit aux acquêts, les mêmes inconvénients existent et partant la même solution doit être donnée.

Aussi ce point ne saurait-il soulever de controverse sérieuse. Mais il n'en est pas de même d'une autre question, celle de savoir, lorsque la femme est absente et qu'elle laisse à la fois des biens dotaux et des paraphernaux, à qui appartient, pendant la continuation de la société, l'administration des paraphernaux. Est-ce aux héritiers de la femme, est-ce au mari? M. Marcadé (loc. cit.), enseigne que c'est aux héritiers de la femme que doit être attribuée cette administration. La société d'acquêts, il le fait remarquer, ne consiste nullement dans l'absorption des règles du régime dotal par celles de la communauté légale : il y a là juxtaposition des deux régimes nuptiaux séparés, presque indépendants, qui doivent se gouverner chacun par leurs principes propres : à l'un l'article 124, à l'autre l'article 120. Du reste, le premier de ces textes accorde à l'époux commun en biens l'exercice des droits de son conjoint absent.

La communauté est la base des droits de l'époux présent; elle doit en être aussi la limite. On ne lui accordera donc que les droits qu'il peut exercer au nom de la communauté, et il n'aura aucun pouvoir sur des biens qui en sont indépendants.

Tel est le raisonnement de M. Marcadé. Il n'a pas séduit la doctrine qui attribue unanimement au mari présent l'administration des paraphernaux de sa femme absente (Demol., t. II, n° 276). A l'appui de cette opinion, que nous croyons la meilleure, on peut invoquer le texte de l'article 124 : il permet au conjoint présent d'empêcher en optant pour la continuation de la communauté « *l'exercice provisoire de tous les droits subordonnés à la condition du décès de l'absent* » sans exception, et lui accorder « *l'administration des biens de l'absent* » sans restriction aucune. De plus, on allègue le but d'utilité pratique de l'article 124, but qui serait complétement manqué si l'on se contentait d'éviter des difficultés d'un côté pour les maintenir dans l'autre, et l'on fait enfin remarquer que M. Marcadé n'est pas conséquent avec lui-même en donnant à la femme présente l'administration de tous les propres de son mari, et en refusant au contraire au mari présent l'administration d'une partie des biens de sa femme.

Nous croyons donc que cette dernière opinion est préférable, mais nous devons faire remarquer que la controverse n'est intéressante que, parce que la grande majorité des auteurs admet que la femme garde, même sous le régime dotal avec la société d'acquêts, l'administration de ses paraphernaux.

Pour nous, qui avons adopté la solution contraire, la question ne saurait faire l'ombre d'un doute : les paraphernaux, sont au point de vue de l'administration, sur la même ligne que les biens dotaux, et, pour ces derniers, elle n'a jamais fait de difficulté.

§ II. — Séparation de biens.

On sait que la séparation de biens a été introduite pour permettre à la femme d'échapper à la ruine que lui prépare la mauvaise administration de son mari, en reprenant la libre disposition de son patrimoine propre. Cette institution obéit en notre matière à des principes particuliers, soit quant à ses causes, soit quant à ses effets.

A. — *Causes de la séparation de biens.* — Aux termes de l'article 1443, la séparation de biens peut être demandée « lorsque la dot de la femme est en péril et que le désordre des affaires du mari donne lieu de craindre que les biens de celui-ci soient insuffisants pour remplir les droits et reprises de la femme » (1). De cette formule à la fois trop large et trop étroite, les commentateurs ont déduit que la séparation de biens pouvait être obtenue : 1° lorsque la dot est mise en péril; 2° lorsque les valeurs entrées en communauté du chef de la femme sont no-

---

(1) On peut remarquer qu'il existe entre l'ancien Droit et le Droit actuel cette différence que le premier reconnaissait des séparations tacites résultant *ipso jure* de certains faits, tandis que sous notre législation toute séparation doit être prononcée par jugement (1443).

tablement entamées par la mauvaise administration
du mari ; 3° lorsque les revenus de la femme ou les
fruits de son industrie sont détournés de leur destination naturelle. Au contraire, on se refuse en général à voir un cas de séparation de biens dans
l'hypothèse où le mari dissipe le fonds commun, si
la femme n'a, lors du mariage, mis aucune valeur
dans ce patrimoine (Aubry et Rau, § 516. — *Contrà*,
Rodière et Pont, v. iii, n° 2101). Cette énumération ne peut être appliquée dans ses termes mêmes
à la société d'acquêts. Sans doute, le premier chef
y est applicable, et on doit admettre que lorsque la
dot est en péril il y a lieu à séparation. Ce péril peut
être ou direct, et alors il résulte de la négligence
apportée par le mari à l'administration de la dot; ou
indirect, et alors il consiste dans la seule dissipation
du patrimoine du mari : cette dissipation nous
semble suffisante pour motiver une séparation de
biens, car, diminuant le gage affecté aux reprises de
la femme, elle en compromet le sort.

Nous mettrons sur la même ligne la troisième cause
de séparation : le fait du mari de détourner les fruits
de la dot ou les produits de l'industrie de la femme
de leur destination naturelle. La prodigalité du mari
aboutit à faire peser sur la femme la dépense du
ménage; pour pouvoir y suffire, elle se verra dans la
nécessité d'aliéner ses paraphernaux, voire même
ses biens dotaux. Un pareil état de choses met donc
la dot en péril et justifie pleinement une demande
en séparation.

Par contre, nous croyons qu'il en est autrement

de la seconde cause : le fait du mari de dissiper le
fonds commun, et cela ressort de la restriction précédemment énoncée pour le cas où la femme n'a
rien apporté en communauté. Cette hypothèse est de
droit commun sous le régime de la société d'acquêts.
On doit donc ériger en règle générale la solution
qui lui correspond, et décider qu'en aucun cas la
dissipation du fonds commun ne saurait servir de
base à une instance en séparation.

B. *Effets.* — La séparation de biens ne produit
aucun effet quant au patrimoine du mari ; il reste
après elle ce qu'il était auparavant, avec cette différence, toutefois, que le mari jouit dorénavant de ses
biens propres, pour son compte personnel et non en
qualité de chef de la société d'acquêts. Sur les biens
de la société, la séparation produit un effet radical,
elle amène la dissolution de l'association : nous aurons
bientôt à en régler les conséquences. Enfin, elle modifie profondément aussi les biens de la femme. En
ce qui concerne ces derniers, les conséquences de
la séparation sont toutes différentes, selon qu'elle intervient sous le régime en communauté ou sous le
régime dotal. C'est évidemment à celui-ci que nous de-
manderons ici nos règles, car il constitue la base des
conventions nuptiales adoptées par les époux, et doit
trancher toutes les questions qui, comme la nôtre,
sont exclusivement relatives au patrimoine propre de
la femme. Nous résumerons donc en trois propositions les effets de la séparation de biens :

1º La condition juridique des biens de la femme,

au point de vue de leur disponibilité, est la même qu'avant la séparation. La distinction desdits biens en dotaux et paraphernaux subsiste donc ; de là une remarquable conséquence : lorsque la femme s'est constitué ses biens à venir, ceux qui lui adviennent après la séparation de biens sont dotaux ; au contraire, les immeubles cédés par le mari à sa femme, en vertu de l'article 1595, paragraphe 1er, en paiement de ses reprises dotales mobilières, échappent à la dotalité. Ce dernier point a été, toutefois, vivement controversé ; la jurisprudence des Cours d'appel tend plutôt à attribuer le caractère dotal à de pareils biens. (Toulouse, 17 décembre 1868.) Mais la Cour de Cassation a maintenu jusqu'ici l'application stricte de l'article 1553. (Cass., 12 avril 1870; S., 70, 1, 185.)

2° L'administration de la dot passe des mains du mari à celles de la femme, avec les mêmes caractères. Cette conséquence aboutit, dans notre opinion, à donner à la femme la disposition de ses meubles dotaux, et, par suite, à détruire l'inaliénabilité de la dot mobilière. Aussi a-t-elle été vivement contestée. Plusieurs fois, on a tenté de paralyser entre les mains de la femme ce pouvoir d'aliéner, soit directement, soit indirectement, en lui imposant des clauses d'emploi opposables aux tiers ; mais, toujours, la Cour suprême a repoussé comme contraires à la loi ces restrictions apportées aux pouvoirs de la femme. (Cass., 26 juillet 1869; S., 70, 1, 17; id., 27 juillet 1875 ; S., 75, 1, 111.)

3° Avec l'administration de ses biens, la femme en

recouvre aussi la jouissance. Toutefois, commune ou
dotale, elle est obligée de contribuer, pour une certaine part, aux dépenses du ménage, part variant
avec le régime sous lequel elle se trouve placée. Ici
encore, nous suivrons pour les mêmes raisons que
tout à l'heure, les règles du régime dotal et nous
déciderons par suite que la femme devra à son ménage les revenus de sa dot. En règle générale, c'est
entre les mains de son mari qu'elle versera ces valeurs. Toutefois, si la prodigalité bien connue de
celui-ci donnait lieu de craindre qu'il n'en fasse un
mauvais usage, les tribunaux pourraient autoriser la
femme à se libérer directement entre les mains des
fournisseurs de la maison. (Cass., 6 mai 1835; S., 35,
1, 415.)

Quant aux revenus des paraphernaux, bien que
pendant la durée de la société ils dussent être versés
dans le fonds commun, ils resteront après séparation
à la femme. Ils ne sont pas, en effet, comme ceux
des biens dotaux affectés au besoin du mariage; pendant l'association des époux, ils étaient employés à
grossir le caisse commune; du moment où celle-ci
n'existe plns, ils devront suivre leur destination naturelle et retourner à la femme.

SECTION II.

PREUVE DES APPORTS DES ÉPOUX.

La femme commune a, lors de la dissolution, un droit d'option (1453); elle peut, à son gré, ou accepter la communauté et par suite les conséquences de l'administration maritale, ou renoncer, et par là se dégager de toute responsabilité vis-à-vis des créanciers du fonds commun. Ce privilége exorbitant du droit commun des sociétés, est une suite des pouvoirs exceptionnels du mari en matière d'administration : il en est la compensation et doit se retrouver dans tous les cas où existent ces pouvoirs. Il suit de là que nous devons reconnaître à la femme mariée sous le régime dotal, avec société d'acquêts, le droit d'option de l'article 1453; les textes, du reste, conduisent à la même solution (1581, 1528, 1453). Mais avant d'exercer son option, la femme a intérêt à connaître quelle est la consistance du patrimoine social, quelles sont ses charges. Pour arriver sur ce point à une notion exacte, on procède tout d'abord à la formation de la masse commune.

Cette opération préliminaire se décompose en trois éléments :

1º La réunion en un seul groupe de tous les biens

qui constituent l'actif commun ; 2º la déduction des
dettes sociales ; 3º le prélèvement par les époux de
leurs apports tant mobiliers qu'immobiliers.

Ces éléments se trouvent déjà réunis pour la formation de la masse qui suit la dissolution d'une communauté légale.

Les deux premiers ne présentent du reste rien de
particulier à la société d'acquêts. Remarquons seulement, d'une part, qu'en dehors des biens soumis
comme communs à l'administration du mari, la masse
doit contenir le montant des récompenses dues par
les époux à la société ; d'autre part, que l'on doit déduire du fonds commun, soit les dettes que nous
avons énumérées comme étant sociales, soit certaines
obligations nées après la dissolution, les frais de liquidation et d'inventaire par exemple, qui, se rattachant
par leur nature au fonds commun, doivent en diminuer la valeur.

Si ces premières opérations ne présentent à notre
point de vue qu'un faible intérêt, il en est tout autrement de la reprise des apports des époux. Ces apports
comprenant non-seulement les prélèvements énumérés par l'article 1493, mais encore tout le mobilier
présent et futur, sont beaucoup plus considérables,
et surtout donnent lieu à des difficultés infiniment
plus nombreuses. Ils méritent donc de faire l'objet
d'une étude attentive.

Un principe général domine toute la matière des
reprises des époux ; tout bien est, jusqu'à preuve
contraire, présumé acquêt. Ce principe résulte, pour
les immeubles, de la combinaison des articles 1581,

1528 et 1402; pour les meubles, du texte de l'article 1499.

La jurisprudence l'a du reste confirmé par son interprétation. (Cass., 29 déc. 1863; S., 64, 1, 11, et 6 mars 1866; S., 66, 1, 253.) (1)

Il suit de là, que chacun des époux doit fournir la preuve de la propriété des biens qu'il veut prélever.

Pour les immeubles, cette preuve ne souffre pas de difficulté, car ils portent toujours avec eux la mention de leur provenance, mais il en est tout autrement pour les meubles : leur reprise donne lieu à une foule de questions hérissées de difficultés occasionnées, pour la plupart, par l'obscurité qui règne malheureusement dans la rédaction de l'article 1499. Nous examinerons successivement la reprise du mobilier appartenant aux époux lors du mariage, et celle qui leur est échue pendant leur union.

§ I. — REPRISE DU MOBILIER APPARTENANT AUX ÉPOUX LORS DU MARIAGE.

La question que nous devons traiter dans ce paragraphe varie suivant que l'on envisage les rap-

---

(1) Ces arrêts sont relatifs au régime dotal pur, mais doivent par analogie de motifs être étendus à notre régime mixte.

ports des époux entre eux ou leurs rapports avec les tiers : la preuve à faire n'étant pas absolument la même dans les deux cas, nous suivrons cette division :

A. — *Rapports des époux avec le tiers.* — Un époux veut prouver à l'encontre d'un créancier de la société la nature et la valeur des biens-meubles qui lui appartenaient lors de son mariage : quelle preuve doit-il faire ? Telle est la question qu'il s'agit de résoudre. Deux systèmes s'en partagent la solution.

1ᵉʳ Système. — L'article 1499, qui impose aux époux la nécessité d'un inventaire, doit être regardé comme purement énonciatif. En effet, l'ancien Droit admettait à l'égard des tiers la validité de tout moyen de preuve, pourvu qu'il ait été visé dans le contrat de mariage. La même doctrine doit aujourd'hui encore être suivie, car personne ne songe à prendre dans tous les cas à la lettre l'article 1499 : ce texte ne constitue donc pas une disposition prohibitive, et l'on doit appliquer concurremment avec lui le principe de l'article 1387 et permettre aux époux, en vertu de la liberté qui leur est laissée en matière de conventions nuptiales, de se réserver le droit de prouver leur apport comme ils l'entendent. (En ce sens, Poitiers, 16 déc. 1869; S., 1870, 2, 43.)

2ᵉ Système. — Il faut appliquer l'article 1499 dans ses termes mêmes et exiger un inventaire pour autoriser la reprise de l'apport d'un époux. Cette seconde opinion a pour elle la majorité de la doctrine et de la jurisprudence; elle est en effet seule admissible, car seule elle tient compte des termes précis, exprès de l'article 1499. Quant à la tradition ancienne, on ne peut l'invoquer dans l'espèce : la jurisprudence du Parlement de Bordeaux admettait en matière de reprise l'application des moyens de preuve de Droit commun : aujourd'hui, la situation a complétement changé, et le législateur a édicté des règles de preuves particulières, on ne pourait y déroger qu'en cas de nécessité absolue. Or, notre hypothèse ne présente rien de semblable. Tout au contraire, notre solution est plus juste que la décision contraire, car elle garantit les intérêts des tiers que néglige complétement le système opposé. On ne peut cependant lui reprocher d'être inique à l'égard des époux; ceux-ci, en effet, sont avertis par le texte de la loi, et s'il leur arrive de ne pouvoir exercer leurs reprises faute d'un inventaire, c'est à leur imprudence seule qu'ils doivent s'en prendre.

Toutefois, la rigueur de la solution que nous avons donnée ne doit pas être exagérée et on l'a, avec raison, tempérée par les décisions suivantes :

1° Un inventaire n'est pas absolument nécessaire : on peut y suppléer par tout acte équivalent : ainsi par un acte de partage non suspect, l'état estimatif qui accompagné toute donation mobilière, un compte de tutelle, un état contenu dans un testament;

2° Il n'est pas indispensable non plus que l'inventaire soit authentique : est valable, un inventaire sous seing privé, s'il a date certaine antérieure au mariage. (Odier, t. ii, n° 689.)

3° On devrait même autoriser la reprise d'un meuble, toutes les fois que sa provenance résulte de sa nature même. La jurisprudence a souvent reconnu ce principe, elle l'a appliqué notamment :

A) Au fonds de commerce apporté par la femme, parce qu'il est certain qu'il n'a pas changé de nature. (Cass., 29 février 1835 ; S., 35, 2, 68.)

B) A un billet prouvant par son contexte même qu'il appartenait à la femme. (Paris, 3 janv. 1852 ; S., 52, 2, 133.)

C) A un office dont le mari était titulaire avant son mariage. (Bordeaux, 19 fév. 1856 ; S., 56, 2, 271.)

B. — *Rapports des époux entre eux.* — La question de savoir quel est le mode de preuve admissible dans les rapports d'un époux à l'autre est assez controversée, pour que l'on puisse dire que chaque auteur a là-dessus une opinion différente. On peut cependant ramener à trois groupes les diverses solutions données.

1er système. — (Toullier, t. XIII, n° 305-309). On doit appliquer la distinction posée pour la réalisation du mobilier par l'article 1504, exiger un inventaire de la part du mari, mais permettre à la femme de prouver ses apports par tout moyen, même par témoins ou commune renommée. Cette opinion se fonde sur les traditions historiques. Pothier (*Communauté*, n° 258-299) permet en principe la preuve par tout moyen, mais il recommande aux juges d'être plus indulgents pour la femme que pour le mari. Le germe de cette distinction a été développé par le législateur moderne, il en a nettement posé les termes dans l'article 1504 : c'est la disposition de ce texte qu'il faut suivre, car elle n'est que la reproduction d'un principe général posé dans l'article 1415, principe donnant à la femme la preuve par témoins ou commune renommée toutes les fois que le défaut d'un inventaire exigé lui porte préjudice.

2ᵉ système. — (Rodière et Pont, t. ɪɪ, nᵒˢ 1126, 1273). Les partisans de cette seconde opinion ne tiennent aucun compte de l'article 1499 qu'ils considèrent comme étant purement énonciatif, et se bornent à suivre seulement Pothier. Leur doctrine peut se résumer en deux propositions : 1ᵒ on doit regarder comme titre suffisant tout inventaire authentique ou sous seing privé et même tout autre acte, pourvu qu'il ne soit point suspect de fraude ; 2ᵒ en l'absence d'une preuve écrite, tout autre moyen de preuve est admissible dans les rapports d'un époux à l'autre. Nous ne répéterons pas les arguments donnés à l'appui de cette solution : ce sont les mêmes qui servent à justifier le système que nous avons exposé le premier, touchant la preuve des apports à l'égard des tiers.

Une partie de la doctrine et une jurisprudence assez considérable suivent cette opinion. (V. Dalloz, Répert. de lég., Contr. de mar., nᵒ 2618 ; Cass., 17 août 1825 ; S., 26. 1. 118 ; 3 août 1831 ; S., 32. 1. 219 ; 24 avr. 1849 ; S., 49. 1. 309 ; 30 juillet 1872 ; S., 72. 1.

326; Dijon, 14 août 1872; S., 72. 2. 132). Mais il importe de remarquer que les monuments de jurisprudence que nous venons de citer laissent aux tribunaux l'appréciation de la question de savoir si les moyens de preuves apportées par les époux sont recevables.

Observons enfin que Troplong (Contr. de Mar., n° 1882) adopte en principe ce système, en ce qu'il admet toute preuve par titres, mais le repousse en ce qu'il rejette comme insuffisant tout autre moyen de preuve. (En ces sens, Paris, 24 nov. 1865; S., de P. 66. p. 593.)

3e système. — (Aubry et Rau, § 522, t. v, p. 450). Il faut suivre les prescriptions de l'article 1499 et exiger, même dans les rapports des époux entre eux, un inventaire ou un autre état analogue. Ici encore, nous nous rangeons à l'opinion la plus sévère, parce que, comme dans l'hypothèse précédente, elle est seule conforme au texte de la loi, qu'aucune nécessité pratique n'oblige à rejeter.

Quant aux opinions que nous venons d'exposer, elles sont l'une et l'autre insoutenables. La première a deux torts : elle introduit une distinction que rien ne justifie et que le texte de l'article 1499 ne laisse même pas soupçonner, et elle transporte hors de leur sphère d'application deux articles (1419, 1504) faits l'un et l'autre pour les biens qui adviennent aux époux au cours du mariage par succession et donation. Ces défauts sont assez graves pour la faire condamner.

Quant au second système il ne présente qu'un vice, mais il est capital : il suit pas à pas les traditions de l'ancien Droit, alors que le législateur du Code civil a consacré à leur abrogation un texte formel : on voit donc qn'il mérite le même sort que le précédent, et que seule conforme à la loi, la troisième opinion doit être conservée.

Nous avons tout à l'heure modifié par quelques décisions spéciales la solution par nous adoptée. Il va sans dire que ces tempéraments doivent être étendus à notre hypothèse, aux rapports des époux entre eux : on doit même aller un peu plus loin que précédemment, car ici l'intérêt des tiers n'est plus en jeu. De là les décisions suivantes :

1º On ne doit pas exiger que l'inventaire ait été fait avant le mariage; dressé quelque temps après il suffit, s'il n'est entaché de fraude. (Poitiers, 15 nov. 1865; S., 66, 2, 198.)

2º L'article 1502, bien que fait en vue de la clause d'apport, est applicable à notre matière : par suite, la déclaration portée au contrat de mariage que le mobilier du mari est de telle valeur, si elle n'en autorise pas une reprise en nature, suffira pour justifier une reprise en argent. (Ile Bourbon, 10 mai 1845; S., 52, 1, 297; Grenoble, 19 juillet 1851; S., 52, 2, 199) (1).

_____

(1) Le premier de ces arrêts exige en outre que les valeurs dont se compose l'apport soient spécifiées dans la déclaration.

3º Par contre, la fraude doit être sévèrement réprimée, aussi nous croyons, quoi qu'on en ait dit, (Paris, 24 fév. 1865; S., 66, 2, 144) que les énonciations d'un contrat de mariage touchant les apports des époux peuvent être attaquées, même sans commencement de preuve par écrit, si la simulation résulte jusqu'à l'évidence des faits de la cause. (Rouen, 13 mai 1868, et 23 déc. 1871; S., 72, 2, 101.)

§ II. — MOBILIER ÉCHU AUX ÉPOUX
DURANT LE MARIAGE.

La doctrine ne s'accorde pas plus sur la preuve nécessaire pour autoriser la reprise du mobilier échu à un époux pendant le mariage, que sur celle du mobilier qu'il a apporté en se mariant.

A. — *Rapports des époux avec les tiers.* — Au point de vue de la preuve à fournir pour soustraire le mobilier à l'action des créanciers de la société d'acquêts, la controverse existe entre deux opinions.

1er *système.* — L'article 1499 étant trop sévère, trop absolu dans ses termes, il convient de le conformer aux nécessités de la pratique. D'accord sur le principe, les partisans de cette opinion se divisent sur les conséquences qu'il convient d'en tirer.
Les uns (Battur II, nº 365. 367,) admettent tant au profit du mari qu'au profit de la femme, des

moyens de preuve autres qu'un inventaire : ils sont donc à tous égards logiques avec leur principe. D'autres, au contraire, (Odier, t. II., n° 689) imposent au mari la nécessité de faire un inventaire; à l'égard de la femme ils sont plus indulgents, et se basant sur son état d'infériorité et de dépendance, ils lui permettent de prouver le mobilier à elle échu par tout moyen. Cette doctrine a été adoptée par un arrêt de Cassation du 8 décembre 1874, qui décide, conformément à la jurisprudence ordinaire de la Cour suprême, que l'admissibilité des moyens de preuve doit être laissée à l'appréciation des tribunaux.

Toutes ces branches d'un même système nous semblent également condamnables, car toutes elles méconnaissent le but de l'article 1499, qui est de protéger les tiers contre les fraudes possibles de la part des époux.

2me *Système.* — Un inventaire est exigé tant de la part du mari que de la part de la femme pour autoriser la reprise. Cette opinion a la même formule, la même base, les mêmes conséquences que celles que nous avons adoptées en ce qui concerne la preuve à l'égard des tiers du mobilier apporté par les époux, elle souffre aussi les mêmes tempéraments ; il nous suffit donc de la mentionner.

(En ce sens, Aubry et Rau , § 522, t. V, p. 451; Bellot des Minières, I, n° 194 ; — Agen, 2 juillet 1869; S., 70, 2, 43 ; Cass., 30 juillet 1872; S., 72, 1, 326.)

B) *Rapport des époux entre eux.* — Le dernier

point de vue que nous avons à envisager divise moins
la doctrine que les précédents. En effet, tout le
monde est d'accord pour reconnaître qu'appliquer ici
la disposition contenue dans l'article 1499 aboutirait
à méconnaître l'esprit de la loi, laquelle après avoir
établi une grande différence dans les pouvoirs des
époux au cours de la société, ne saurait sans injus-
tice les soumettre l'un et l'autre aux mêmes règles,
pour la justification des biens qui leur sont échus.
Aussi admet-on dans notre hypothèse l'application de
la distinction posée par l'article 1504; le mari sera
tenu de justifier par inventaire des biens qu'il prétend lui être advenus, la femme pourra au contraire
user de tous les moyens de preuve, même la commune renommée à cette fin. Nous trouvons très bien
exprimée dans Odier la raison de cette différence :

« On ne peut accepter la généralité des termes de
l'article 1499 lorsqu'il est question d'un mobilier qu'on
ne conteste pas être échu pendant le mariage, mais
que l'on prétend avoir été acquis par succession ou
donation. Dans cette hypothèse il faut nécessairement faire une distinction selon que le mobilier est
échu au mari ou à la femme. Quant au mobilier échu
pendant le mariage au mari maître de ses droits et
qui n'a point de faveur à attendre de la loi, la règle
de l'article 1499 n'est pas contestable : s'il néglige
de faire un inventaire qui constate la provention gra-
tuite de ce mobilier entre ses mains, ce mobilier res-
tera acquêt de la société. Quant au mobilier échu
pendant le mariage à la femme, cette règle n'est plus
justifiable. On ne peut, en effet, lui imputer le défaut

d'un inventaire ou d'un autre moyen de constatation,
puisque passant sous la puissance de son mari, c'est
lui seul qui agit, c'est lui seul auquel l'observation de
ces formalités incombe. » (Odier, t. II, n° 690). Elle
est du reste pleinement justifiable au point de vue
des textes ; dans l'article 1504, comme dans notre
hypothèse, il s'agit d'une réalisation de mobilier futur ;
la situation étant la même, pourquoi ne pas étendre
à l'une la règle que le législateur a établie pour
l'autre ? Toutefois il convient de remarquer que
nous sommes ici en face d'une disposition exceptionnelle, disposition qui ne saurait par conséquent
être étendue. Aussi nous restreindrons soigneusement à la femme, à ses héritiers et à ses créanciers
(1166) le privilége de la preuve par témoins ou
commune renommée. Nous ne saurions donc nous
ranger à l'avis de MM. Rodière et Pont, (t. II,
n° 1268); ces illustres jurisconsultes soutiennent
que les priviléges accordés à la femme par l'article 1504 doivent être également reconnus aux héritiers du mari, ils basent leur sentiment sur ce que
les héritiers, en effectuant la reprise, exercent un
droit qui leur est personnel, et sur ce qu'ils ne sauraient être victimes de la fraude commise par leurs
auteurs.

Ces raisons ne peuvent nous séduire. Remarquons
d'abord que s'il y a fraude, elle peut, conformément
aux principes généraux (1348), se prouver par tous
les moyens possibles. Mais en dehors de ce cas, les
héritiers ne sauraient avoir plus de droit que leur
auteur et on doit les soumettre comme lui à la né-

cessité d'un inventaire. Cette dernière opinion est universellement adoptée (Marcadé, sur l'art. 1499, n° 3, t. v, p. 697 ; Cass., 19 juin 1855; S., 55, 1, 506). Cependant MM. Aubry et Rau (§ 522, t. v, p. 452), tout en suivant en principe notre système, l'écartent dans le cas où il s'agit d'héritiers réservataires, et leur accordent l'usage de tout moyen de preuve relativement à leur réserve. Cette distinction qu'ils se bornent du reste à énoncer ne nous semble pas fondée. Si l'on écarte l'hypothèse d'une fraude, les héritiers, qu'ils soient réservataires ou non, restent tous soumis à l'application du grand principe : *Nemo plus juris ad alium transferre potest quam ipse habet,* et l'on ne voit pas pourquoi l'on ferait une exception en leur faveur.

Tels sont les principes qui nous semblent préférables en matière de preuve des apports mobiliers.

Remarquons, en terminant, que s'ils gouvernent les créances des époux envers la société, par contre ils sont sans influence sur les créances personnelles d'un époux à l'autre : ces dernières restent soumises aux règles générales de preuve édictées par le Code civil. (Dijon, 17 juillet 1874; S., 74, 2, 250.)

Les apports une fois déterminés, on procède à leur reprise. Doit-elle être régie par les principes du régime dotal ou de la communauté légale? M. de Folleville (*Revue critique,* t. xxxix, p. 230) veut que l'on applique ici le régime dotal, comme dominant les conventions nuptiales et aboutissant du reste à des solutions plus équitables.

Nous ne partageons pas son opinion et nous croyons

au contraire que les règles du régime en communauté doivent être suivies. Les règles de la restitution de la dot sont nécessairement en harmonie avec les droits du mari sur elle, elles en sont la conséquence; or, ici le mari a été avant tout chef de la société conjugale, d'une communauté; il en a eu les droits, il en doit supporter les obligations, il sera donc tenu à une restitution immédiate des biens propres à sa femme, dotaux ou paraphernaux; c'est du reste la solution la plus généralement admise (Rodière et Pont, t. II, n° 1282.)

De là, trois conséquences :

1° La femme devra reprendre en nature les biens dont elle est demeurée propriétaire : elle ne pourrait à son choix en exercer la reprise en nature ou en valeur;

2° Pour ses reprises en argent la femme les exerce à titre de créancière, non à titre de propriétaire (Cass., ch. 16 janvier 1858; S., 58, 1, 9; voir cependant Cass., 8 mai 1855; S., 55, 1, 530);

3° La femme a droit aux fruits de sa dot du jour de la dissolution, — cependant lorsque la société se dissout par une séparation, la restitution des fruits est due à partir du jour de la demande. (Cass., 13 mars 1872; S., 72, 1, 74.)

L'exercice des reprises en argent est soumis à des règles différentes, suivant qu'il a lieu au profit du mari ou de la femme.

Le premier exerce ses droits sur les seuls biens qui composent l'actif commun et à titre de simple créancier chirographaire. La femme, au contraire, jouit de quelques priviléges : 1º elle exerce ses reprises de préférence au mari ; 2º elle a pour gage les biens communs qu'elle peut prélever même en nature (1471) et subsidiairement (1472, § 2) les biens du mari ; 3º la femme possède enfin pour garantir ses prélèvements une hypothèque légale sur les biens de son mari (2121, 2135, nº 2). Cette hypothèque prend date en général du jour du mariage, cependant, exceptionnellement pour les meubles échus à la femme par succession ou par donation, elle prend rang du jour de l'événement qui a mis le meuble dans le patrimoine de la femme (2135, nº 2, § 2). De même, pour ses remplois et récompenses, elle date de l'acte qui a donné naissance au remploi ou à la récompense (2135, nº 2, § 2 ; Cass., 19 nov. 1872 ; S., 73, 2, 134).

L'hypothèque légale de la femme porte sur les biens du mari (2121, § 2) et pendant la société sur l'actif commun qui se confond avec eux (Lyon, 7 avril 1854; S., 54, 2, 577). La question de savoir quel est après acceptation de la femme l'objet de son hypothèque, suscite de nombreuses controverses. On admet généralement pourtant que cette acceptation prive la femme du droit d'exercer son hypothèque sur les biens communs. Cette solution ne saurait être transportée entièrement dans notre matière; pendant la société, la femme était comme dotale, incapable de renoncer même partiellement à son hypothèque légale. Il ne faut valider cette renonciation qu'autant que l'acceptation intervient dans un temps où la femme peut confirmer les actes faits en état d'incapacité, c'est-à-dire après la dissolution du mariage et non après la séparation de biens. Encore doit-on exiger de plus que l'acceptation de la femme démontre son intention de procéder à cette ratification.

SECTION III.

DROIT D'OPTION DE LA FEMME. — SES CONSÉQUENCES

§ I. — DROIT D'OPTION DE LA FEMME.

La loi accorde à la femme commune le droit d'opter à la dissolution entre l'acceptation de la communauté et la renonciation. Ce privilége existe sous notre régime mixte comme sous la communauté légale. Dans l'un comme dans l'autre cas, il obéit aux mêmes principes quant aux personnes qui en jouissent, quant aux délais et aux formes de son exercice (Arg. des art. 1581, 1499, 1528, 1453 et suiv.) Aussi serait-il inutile de les exposer. Il suffira de signaler les quelques différences qui existent à ce point de vue entre la législation ancienne et le droit actuel. Voici les principales :

1° Contrairement au sentiment généralement admis dans notre ancien Droit, on reconnaît aujourd'hui que la renonciation de la femme, moyennant un prix, encore qu'elle n'ait pas été faite au profit de personnes déterminées, vaut de sa part acceptation tacite.

2° Le recel d'un objet commun emporte (1460) acceptation de la société d'acquêts : il n'avait pas cet effet dans la jurisprudence du Parlement de Bordeaux.

3° Autrefois, à Bordeaux, la femme pouvait renoncer pendant trente ans, à charge de représenter un simple état assermenté, des objets existants dans le fonds commun au moment de la dissolution. Dans notre droit actuel la femme qui n'a pas fait inventaire dans les trois mois (1456), est déchue de la faculté de renoncer. Un arrêt célèbre de Limoges (19 juin 1853 ; S., 35, 2, 465) a signalé cette différence et décidé en même temps que l'on pouvait, sans blesser la non-rétroactivité des lois, imposer à une femme, dont le mariage contracté sous l'ancien Droit s'est dissous sous le Droit actuel, les formalités prescrites par le Code civil « parce qu'alors celle-ci ne peut raisonnablement accuser la loi de lui avoir enlevé son droit, et ne doit imputer la perte qu'à sa propre incurie. » (arrêt precité.)

4° On rencontre dans l'ancien Droit des hypothèses de renonciation tacite et de renonciation forcée; il n'y en a pas sous le Code civil.

5° Dans la jurisprudence du Parlement de Bordeaux, la femme pouvait être admise à renoncer malgré une acceptation antérieure. Aucun droit semblable ne se rencontre chez nous. On admet sans doute (art. 1167; Cass., 28 avril 1869) les créanciers de la femme à faire rescinder une acceptation qui leur est préjudiciable, mais c'est pour eux un droit personnel qui ne doit profiter ni nuire à la femme.

6° La femme pouvait renoncer autrefois par acte notarié, aujourd'hui une déclaration au greffe est indispensable (1457).

Avant de passer à l'examen des deux partis que peut prendre la femme, par suite de son option, il reste à examiner une question incidente. La loi accorde à la femme survivante certains droits indépendants du résultat de son option, droits relatifs à son alimentation et à son logement pendant l'année qui suit le décès du mari, et aux frais de son vêtement de deuil : ces droits sont réglés, pour le régime en communauté, par les articles 1465 et 1481; pour le régime dotal, par l'article 1570, paragraphe 1 : les dispositions consacrées par ces textes étant différentes, lesquelles devrons-nous appliquer?

M. de Folleville (Revue critique, t. xxxix, p. 229), enseigne que l'on doit suivre, en tous cas, les règles du régime dotal. C'est, en effet, la dotalité qui domine dans le régime mixte qui nous occupe. De plus, cette solution est nécessaire si l'on veut conserver l'unité dans la situation de la femme : la soumettre aux règles du régime de communauté légale, n'est admissible qu'autant qu'elle s'est conformée par son acceptation à sa situation de femme commune ; au cas où elle renonce, on doit nécessairement appliquer les règles du régime dotal ; il faut donc aussi les suivre, même dans l'hypothèse où elle accepte, si l'on ne veut mettre à sa merci l'étendue de ces droits.

Enfin, la société d'acquêts est instituée dans l'intérêt de la femme ; on irait directement contre l'objet de ce régime en restreignant ses droits aux limites posées dans les articles 1465 et 1481, limites plus étroites que celles qui résultent de l'article 1570, paragraphe 2. MM. Rodière et Pont (t. III, n° 2037) suivent la distinction que repousse M. de Folleville. Pour eux l'étendue des droits accordés à la femme survivante, dépend du parti qu'elle prend : si elle accepte, on lui appliquera les règles du régime en communauté ; si elle renonce, celles du régime dotal ; dans un cas, elle est commune ; dans l'autre, dotale. Elle doit donc emprunter, selon l'hypothèse, à l'un ou à l'autre de ces deux régimes les droits qui lui compètent.

L'une et l'autre de ces solutions doivent également être repoussées, et il faut, quelle que soit l'issue de l'option de la femme, suivre les règles du régime en communauté. En effet, les derniers droits accordés à la femme survivante sont incontestablement une conséquence de l'aliénation consentie par la femme de la jouissance de ses biens pendant le mariage, et ils varient en étendue, selon que c'est le mari ou la société formée par les époux qui a profité de cette jouissance, or, dans notre hypothèse, c'est la

K

société qui a l'usufruit des propres de la femme ; c'est donc aux règles de la communauté que cette dernière doit mesurer ses droits. En ce même sens, 'une considération nous semble en particulier concluante : l'article 1570, paragraphe 2, établit au profit de la femme des droits semblables à ceux qui résultent des articles 1465 et 1481 sur tous les points, sauf un seul : il permet à la femme de réclamer les intérêts de sa dot pendant l'année qui suit le décès du mari ; ce droit n'est évidemment qu'une conséquence de la faculté laissée au mari d'ajourner à un an la restitution de la dot constituée en argent (1561, § 1). Dans notre hypothèse, où la dot est immédiatement restituable, comment justifier pareil privilége? On voit qu'il ne saurait être admis, faute de base. Enfin, nous ajouterons que les précédents historiques sont en notre sens ; pour toutes ces raisons, la solution que nous présentons ne nous semble pas susceptible d'être contestée. Elle a du reste pour elle l'appui de la jurisprudence. (Rouen, 3 mars 1853; S., 54, 2, 31.) En vertu de ce même principe, on doit décider que la femme (1492 et 1495) pourra prélever les linges et hardes à son usage, sans qu'il y ait lieu de faire comme dans l'ancien Droit aucune distinction relative à leur plus ou moins grande valeur, mais en observant que, s'ils sont d'une valeur plus grande que ceux qu'elle possédait au début du mariage, elle doit précompter l'excédant sur sa part dans l'actif social.

§ II. — Effets de la renonciation.

Les effets de la renonciation peuvent, en ce qui concerne les rapports des époux entre eux, se résumer dans une formule fort simple : la femme, grâce à ce privilége, devient complétement étrangère tant à l'actif qu'au passif de la société ; elle redevient dotale et considérée comme n'ayant jamais eu d'autre qualité. Par suite, en dehors des reprises qu'elle prélève en qualité de créancière, elle ne saurait prendre aucune part à l'actif commun. Le fonds social se confond définitivement avec le patrimoine personnel du mari : cette confusion, qui existait déjà en fait pendant la durée de la société, se trouve désormais irrévocablement, constituée en Droit. Par contre, le passif de la société pèse dans son intégralité sur la tête du mari ; la femme n'en doit rien supporter, lorsqu'elle a payé les récompenses qu'elle peut devoir à la société, elle est libérée et aucune part contributoire dans les dettes sociales, les eût-elles contractées, ne doit rester à sa charge (1492, 1494). Nous ne nous appesantirons pas sur ces idées qui sont communes à notre régime et à la communauté légale ; il faut cependant éviter de les pousser trop loin.

MM. Rodière et Pont (t. III, n° 2037 et) nous semblent être tombés dans ce défaut, lorsqu'ils prétendent que le partage des fruits pendants sur le bien apporté en dot par la femme doit s'effectuer entre les deux époux, suivant la proportion établie par l'article 1571 du Code civil. Ces auteurs se basent sur la rétroactivité de la renonciation; cet argument ne nous semble pas suffisant pour motiver leur doctrine; la renonciation, malgré sa rétroactivité, ne peut empêcher que la société d'acquêts n'ait existé en fait et que l'on ne doive en régler équitablement les conséquences. Notre sentiment, sur ce point, a précédemment été développé; il est donc inutile d'insister davantage. La renonciation de la femme produit des effets moins absolus au regard des tiers que dans les rapports des époux entre eux. Pour les tiers, la renonciation est « res inter alios acta » elle ne leur nuit, ni ne leur profite. Il suit de là, que la femme ne répondra pas sans doute envers les créanciers sociaux des dettes contractées par son mari, mais que par contre elle ne cessera pas d'être tenue de ses engagements personnels, sauf sa récompense contre son mari.

Ce principe demande à être éclairé par quelques observations :

1° La femme qui s'est obligée solidairement avec son mari, doit être réputée n'être intervenue que comme caution (1431); cette règle étant une présomption de fait ne saurait être détruite par l'effet rétroactif de la renonciation ;

2° Les obligations contractées par la femme durant le mariage ne peuvent en aucun cas être ramenées à exécution sur ses biens dotaux (1554);

3° La femme, liée par le principe de l'inaliénabilité

de la dot mobilière, ne peut, au cours du mariage, compromettre en rien les sûretés qui garantissent la restitution de sa dot. Ainsi, la renonciation, ou la subrogation à son hypothèque légale, qu'elle aurait consentie envers un créancier de la société, devrait être regardée comme nulle et non avenue : il en est de même de l'adhésion qu'elle aurait donnée à l'aliénation d'un acquêt ; nonobstant sa présence à l'acte, elle pourrait fort bien exercer son hypothèque légale envers le tiers acquéreur.

Cette dernière proposition a été très vivement combattue par M. Troplong. (Contr. de mar., nos 1911 et 1912.) Cet illustre jurisconsulte enseigne que les actes passées par la femme en sa qualité de commune doivent être irrévocablement acquis aux tiers, au profit desquels ils ont été faits. La femme ne saurait, selon lui, « être commune pour acquérir, et dotale pour conserver. » Les renvois contenus dans les articles 1528 et 1581 conduisent du reste à la solution qu'il défend : on doit appliquer à la capacité de la femme les règles édictées pour le régime de communauté légale.

L'ancien Droit était, au témoignage de Tessier (Société d'acquêts, no 189), de cet avis, et l'on ne saurait flétrir en langage assez énergique la jurisprudence erronée qui, au mépris des droits des créanciers et par là du crédit public, abrite les intérêts de la femme derrière un rempart, dont l'illégalité n'aurait pas été désavouée par l'*imperator uxorius*, par Justinien lui-même.

Malgré l'éloquence de son défenseur, cette opinion

est restée sans écho. Doctrine et jurisprudence s'accordent aujourd'hui pour enseigner et appliquer le principe ci-dessus émis. C'est avec raison : si pendant le mariage il existe dans notre régime une société d'acquêts, il ne faut pas oublier que créée dans l'intérêt de la femme, elle ne saurait, sans se contredire elle-même, nuire en rien à ses droits. Toutes les garanties qu'un législateur soupçonneux, mais sage et surtout pratique, a semées autour de la dot doivent être soigneusement respectées : toucher à la dot, c'est renverser le principe, la base du régime que nous traitons; c'est en nier l'existence! (En ce sens, Angers, 10 août 1839; S., 40, 2, 110; Cass., 16 nov. 1847; S., 48, 1, 25; Bordeaux, 3 déc. 1858; S., 59, 2, 225, et 28 juin 1870; S., 70, 2, 326.)

§ III. — Effets de l'acceptation.

En usant de la faculté qui lui est accordée par la loi d'accepter la société d'acquêts, la femme manifeste irrévocablement son intention de prendre part aux conquêts dus à la collaboration commune et de fixer sur sa tête les conséquences de l'administration du mari. Les effets de l'acceptation de toute communauté ou société entre époux sont nombreux et complexes; fidèle au plan que nous nous sommes tracé, nous renverrons pour leur énumération aux règles générales du régime en communauté, et nous nous bornerons à poser, en principe, que ces règles subsistent sous notre régime de société d'acquêts. (A l'appui, Cass., 3 mai 1855; S., 55, 1, 530). En voici le résumé. Une fois les prélèvements de chaque époux opérés, les récompenses dues à la caisse commune payées, on procède au partage de l'actif, qui a lieu d'après les règles posées au titre des successions (1470). Quant au passif, aucun partage n'est nécessaire, il se divise de plein droit (1467) entre les époux, avec cette particularité, toutefois, que la femme, sous notre régime comme sous la communauté légale jouit du bénéfice de l'article 1483 et peut, au moyen d'un inventaire préalable, limiter à l'émolument qu'elle retire de la société le montant de sa contribution dans les dettes communes. Tels sont, entre les époux, les effets de l'acceptation de la femme. A l'égard des tiers, ils ont une importance plus considérable, et soulèvent des questions beaucoup plus délicates.

Les créanciers de la communauté peuvent, en principe, poursuivre la femme pour la moitié de chacune des dettes sociales (1482); ils peuvent même la poursuivre pour le tout, si elle a contracté à leur égard un engagement personnel, car le fait de l'acceptation ne peut diminuer les droits qu'ils tiennent d'une convention librement consentie. Il faut, comme dans l'hypothèse où la femme renonce, mentionner sur ce dernier point trois restrictions :

1º Les créanciers de la femme ne peuvent faire saisir les biens qui constituent sa dot en aucun cas, alors même qu'elle n'aurait pas accompli les formalité qui doivent limiter son obligation à l'émolument qu'elle retire de la société. (Bordeaux, 23 mars 1865; S., 65, 1, 334.) La jurisprudence admet même, et elle tranche par là une des questions qui sont le plus controversées en doctrine, qu'ils n'ont, *après séparation de biens*, aucune action sur les fruits des biens dotaux. (Cass., ch. réunies, 7 juin 1864; S., 64, 1, 201);

2º La femme, bien que tenue des obligations du mari, peut néanmoins faire révoquer l'aliénation du fonds dotal indûment consentie par le mari, sauf à supporter sa part dans les dommages-intérêts occasionnés par cette aliénation. Cette proposition se base (en dehors de toute controverse relative à la nature de la nullité provenant de la vente de la chose d'autrui) sur ce que la renonciation à l'action en nullité ne saurait raisonnablement s'induire du seul fait de l'acceptation (1).

3º La femme peut toujours, vis-à-vis des créanciers envers lesquels elle ne s'est pas personnellement engagée, limiter à l'émolument qu'elle retire de la société sa part dans l'obligation aux dettes sociales.

L'acceptation de la femme fait surgir, plus controversée que jamais, la question déjà traitée précédemment de savoir quelle est l'influence de l'acceptation de la femme sur les obligations par elle contractées à l'égard des créanciers sociaux.

---

(1) En ce qui concerne les paraphernaux aliénés, nous donnerons la même solution, nous conformant sur ce point à l'opinion de MM. Aubry et Rau (t. v, p. 347).

Reprenons les deux hypothèses de tout à l'heure : renonciation de la femme à son hypothèque légale en faveur d'un créancier de la société et consentement par elle donné à l'aliénation d'un immeuble commun ; quels seraient, après acceptation, les droits contre le créancier et le tiers acquéreur ?

Nous retrouvons ici M. Troplong (1) défendant avec plus d'énergie et plus d'indignation encore la même opinion.

Pour lui, la question est plus vaste : non-seulement il s'agit de savoir si la femme peut faire valoir son hypothèque légale à l'encontre des créanciers envers lesquels elle s'est obligée, mais il faut décider d'une façon générale si la femme peut exercer son hypothèque légale sur les acquêts. Même sur cette dernière question, l'illustre président de la Cour de Cassation répond négativement : d'une part, les actes faits par la femme en qualité de commune sont, en tout cas, inattaquables ; d'autre part, son acceptation l'oblige personnellement à l'égard des créanciers de la société, avec lesquels elle ne peut, dès lors, même plus venir en concours par application du principe : *Quem de evictione tenet actio, eumdem agentem repellit exceptio.*

Cette opinion ne nous semble pas devoir faire l'objet d'une longue discussion. Elle dépasse le but. Nous avons déjà dit pour quelle raison nous repoussons son premier principe, qu'il nous suffise d'ajouter

---

(1) *Contrat de Mariage,* n° 1918.

que le second est universellement repoussé, comme exagéré et inique.

La seule question vraiment susceptible d'être controversée est celle de savoir si l'acceptation de la femme doit être considérée comme impliquant de sa part confirmation des diverses renonciations à son hypothèque légale qu'elle a faites en état d'incapacité.

Pour que cette question puisse se poser, il faut supposer que la femme est capable de renoncer aux conséquences de l'inaliénabilité de sa dot mobilière, c'est-à-dire que le mariage est dissout, car on sait que la dotalité survit à la séparation de biens.

Dans cette hypothèse, que doit-on décider ? Un parti peu nombreux, du reste, laisse à la femme son rang hypothécaire, soit à l'égard du créancier subrogé à ses droits, soit à l'égard du tiers acquéreur. Le souci des intérêts de la femme lui sert à justifier la solution qu'il présente et à expliquer la dérogation qu'elle apporte aux principes généraux.

Nous estimons que c'est exagérer la portée du principe, fort juste, du reste, que les droits de la femme ne doivent rien perdre par suite de la stipulation d'une société d'acquêts, que de lui faire produire cet effet. Nous ne voyons pas dans l'hypothèse de raison pour écarter l'application des principes généraux relatifs à la confirmation d'un acte entaché de nullité relative. Sans doute les renonciations ne doivent pas se présumer, mais ici la renonciation de la femme ne porte que sur une partie généralement faible du gage qui lui garantit ses reprises, et il nous semble que l'acceptation subséquente de la société constitue une

ratification bien suffisante pour une pareille renonciation. On doit même avec M. Gide, (*Revue critique*,
tome xxix, page 86,) reconnaître que la femme peut
pendant le mariage confirmer son obligation par testament, car dans l'exercice du droit de tester elle jouit
d'une pleine et entière capacité. (Bordeaux, 20 déc.
1832; S., 33, 2, 279.)

Cette dernière opinion est la plus suivie. (Aubry
et Rau; S., 54, 1, t. v, p. 645; de Folleville, loc. cit.;
arrêts précités de Bordeaux, 3 déc. 1858 et 28 juin
1870 (1).

Cependant, comme il importe de se montrer très sévère en matière de renonciation, on devra écarter notre
solution et permettre à la femme le plein et entier
exercice de tous ses droits, toutes les fois que son
acceptation en contiendra une réserve expresse ou
tacite. Ainsi il a été jugé qu'une semblable réserve
résultait de cette circonstance que la femme se pré-
valait du bénéfice de l'article 1483 (Cass., 28 juin
1847; S., 47, 1, 493.)

Cette distinction nous semble fort logique, mais
nous ne comprenons pas la différence que MM. Aubry
et Rau établissent entre les deux hypothèses sur les

---

(1) Il résulte du premier de ces documents qu'un arrêt du
15 ventôse an xii, de Bordeaux, avait interdit à la femme d'exercer un droit de préférence dans notre hypothèse.

Les principes de l'ancien Droit étaient assez obscurs sur la
question. Aussi bien qu'il semble pencher vers une solution
négative, il n'a pas laissé de tradition assez précise pour fournir une objection sérieuse à la doctrine que nous soutenons.

quelles nous discutons. Ils appliquent ce tempéra-
ment aux renonciations à l'hypothèque légale, mais
le refusent aux aliénations que la femme a consenties
et décident que dans ce dernier cas l'acceptation de
la femme l'oblige toujours à respecter les droits du
tiers acquéreur. Ne voyant aucune différence entre
les deux hypothèses, nous les mettons sur la même
ligne. Dans un cas comme dans l'autre il y a une cession et par suite une obligation personnelle de garantie; la règle mentionnée ci-dessus et le tempé-
rament que nous y avons apporté, doivent donc s'appliquer aux deux hypothèses : telle est notre conclusion.

Il resterait maintenant à discuter la question de
savoir si les créanciers sociaux doivent avoir une
préférence sur les acquêts relativement aux créanciers personnels des associés. La question ne peut se
poser que pour le temps qui précède le partage, mais
elle se lie intimement à celle de savoir si le patrimoine commun forme une personne juridique, distincte de celle des époux, question que nous avons
déjà étudiée. M. Troplong, qui défend comme on le
sait l'affirmative sur le premier point, soutient le même
parti sur le second ; MM. Rodière et Pont professent
la même opinion, ils se fondent sur un arrêt de Bordeaux, 28 mai 1832 ; S., 32, 2, 626, dont ils nous semblent avoir exagéré le sens; cet arrêt statue non pas
sur la question qui nous occupe, mais bien sur la
subrogation légale d'un tiers acquéreur, qui emploie
son prix à désintéresser les créanciers inscrits sur
l'immeuble. (1251, § 2.) Quant à nous, notre opinion

est que la société d'acquêts ne forme pas une personne morale; nous en tirons cette conséquence que les créanciers sociaux devront venir en concours au marc le franc avec les créanciers personnels des époux, s'ils n'ont des causes de préférences, priviléges ou hypothèques. (Aubry et Rau, § 505, t. v, p. 277; Cass., 16 avril 1860; S., 60, 1, 305. *Contrà* Bordeaux, 13 nov. 1832; S., 33, 2, 54.)

Nous déciderons de même que les créanciers sociaux ne pourraient demander la séparation des patrimoines, car il est impossible de prévenir la confusion de deux classes de biens qui n'ont jamais cessé de constituer une seule masse. (Voir cependant Caen, 13 nov. 1844).

CHAPITRE V.

Du Rôle de la Société d'acquêts.

« Il n'y a si beau mariage qu'une corde ne rompe, » dit Loysel dans ses *Institutes coutumières* (n° 130, t. I, p. 162). Ce que notre vieux jurisconsulte dit du mariage peut également s'appliquer aux conventions nuptiales des époux. La perfection ne se rencontre nulle part; partout on remarque des imperfections, partout la législation éprouve des changements et parcourt des phases diverses à la recherche du régime nuptial, type que l'on approche toujours, mais que l'on n'atteindra jamais.

Il faudrait, à la fois, une connaissance profonde de la science économique et une grande habitude dans l'art d'écrire, pour apprécier en termes justes et convenables le rôle que la société d'acquêts joue actuellement en notre Droit et celui qu'elle pourrait être appelée à y jouer. Aussi n'avons-nous nullement la prétention de traiter à fond un pareil sujet, et, si en terminant notre étude nous osons hasarder à ce point de vue quelques réflexions, c'est à titre de résumé de la théorie ci-dessus exposée que nous la donnons, et parce que l'extrême importance de la société d'acquêts nous a vivement frappé au cours de notre étude.

Si l'on peut, à bon droit, désespérer d'atteindre jamais la perfection en matière de conventions nuptiales, par contre, nous estimons que la société d'acquêts, jointe à la dotalité des biens de la femme, est le régime le plus parfait auquel on soit arrivé jusqu'à ce jour. Nous allons essayer de le démontrer.

Le régime présente un double avantage ; il est à la fois conforme aux données de la raison naturelle et, par suite, aux principes théoriques du Droit, et approprié aux nécessités de la pratique.

Si l'on se place d'abord à un point de vue purement théorique, on ne peut s'empêcher de remarquer que la société d'acquêts, jointe au régime dotal, résume en elle deux principes qui nous semblent devoir être la base rationnelle de toutes stipulations matrimoniales ; il laisse aux époux leur fortune personnelle et met en même temps en commun leur collaboration.

Il n'a, certes, jamais été dans l'esprit de l'institution du mariage de confondre en une seule masse les patrimoines distincts de chaque époux, c'est-à-dire de deux familles différentes. Sans doute, ils se réuniront sur la tête des enfants issus du mariage, et ce sera un effet logique du cumul des droits des père et mère en leur personne ; mais le mariage seul ne peut aboutir à une semblable conséquence, sans l'intervention directe du législateur. Que le mariage unisse deux personnes, qu'il juxtapose leurs fortunes respectives, rien de plus naturel; mais pourquoi les confondre? La personnalité des conjoints reste, après le mariage, distincte et séparée; comment admettre que leur union produise sur des biens un effet plus plus considérable que sur la personne des époux, son objet immédiat? Ces considérations apparaissent plus justes encore, si l'on fixe son attention sur les inconvénients qui découlent nécessairement de la mise en commun des biens des époux. Le mariage n'est plus alors qu'une aliénation; il implique un élément de spéculation qui trop souvent devient prépondérant et absorbe son véritable objet.

De là, ces mariages, trop nombreux aujourd'hui, contractés sans souci des convenances personnelles des époux et motivés par des raisons d'intérêt; de là des ménages mal assortis, les familles dépourvues d'unité, l'anarchie au foyer domestique; de là, enfin, la fréquence des instances en séparations que l'on déplore en vain, si l'on ne cherche à y porter remède.

Enfin, la séparation dans la fortune personnelle des époux intéresse autant le sort des enfants que les rapports des parents; ils y trouvent une garantie sérieuse de leur avenir. Viennent pour l'un des époux des pertes pécuniaires considérables, vienne la déconfiture, les biens de l'autre époux ne sont pas, comme dans l'hypothèse d'une communauté, entraînés dans la ruine, ils restent intacts et constituent pour le ménage des ressources, pour la famille, un patrimoine qui souvent préviendra sa ruine.

Ces mêmes raisonnements deviendraient des so-

phismes, si nous les appliquions aux revenus des
époux, aux produits de leur collaboration. C'est sur
ce chef, en effet, que devaient se faire sentir les effets
de l'union de leurs personnes, les conséquences de
l'individua vitæ consuetudo que la loi établit entre
eux. Ils se traduisent en pratique par la mise en
commun de la jouissance de leurs biens, des produits de leur travail et de leur industrie. Cette com-
munion est parfaitement conforme au but du mariage
qui est médiatement de fonder une famille et immédiatement d'imposer à deux personnes une même
existence. On peut dire de plus que notre second
principe est nécessité par les exigences de la dignité
du mariage; depuis les réformes introduites par le
christianisme, l'égalité règne en maîtresse dans les
rapports des conjoints. Comment arriver à cette égalité, si chacun a un genre de vie en proportion avec
sa fortune personnelle, et par suite différent dans la
plupart des cas de celui de son conjoint.

S'il fallait d'autres preuves on pourrait alléguer
contre la solution contraire les difficultés intermi-
nables, les discussions fréquentes que ne pourraient
manquer de susciter des questions d'intérêt aussi
multipliées entre personnes habitant le même toit.
Enfin, il convient d'observer qu'à un point de vue
plus relevé, la communauté de jouissance aura pour
effet de continuer chez nous cette copropriété familiale dont nous découvrons le principe dans la plupart des législations de l'antiquité. Réduite à ces pro-
portions, la copropriété dans la famille perd le caractère absolu et inique qu'elle possédait chez les

Germains, où elle supprimait jusqu'à la personnalité de la femme, et chez les Romains où elle imposait nécessairement à l'enfant la ruine et même la honte causée par l'insolvabilité du père.

Elle ne perd pas pour cela les avantages qu'on lui reconnait, comme constituant un des liens les plus puissants qui unissent entre eux les membres d'une même famille sous l'autorité du père. Cet avantage, que notre ancien Droit avait apprécié au point d'établir des communautés de frères et sœurs, n'est pas à dédaigner : c'est à lui qu'était due la force de nos familles anciennes, force que nos mœurs et peut-être aussi notre législation nous font regretter.

Si l'on envisage maintenant la société d'acquêts à un point de vue purement pratique, on se voit également forcé de reconnaître l'excellence d'un régime qui assure à la fois l'unité dans la famille sous l'autorité du père, et la garantie des droits de la femme. L'unité de l'autorité est incontestablement le seul moyen de conserver la paix dans le ménage et d'inspirer aux enfants le respect de leurs parents. Mais ces avantages, quelques grands qu'ils soient, échappent à notre appréciation ; par contre, il en est d'autres ayant la même source et rentrant directement dans l'objet de cette étude, ce sont ceux qui sont relatifs aux droits pécuniaires des conjoints. Il est peu de spectacles aussi tristes que celui d'un ménage où les deux époux ont un égal pouvoir sur les biens. Bien plus, cet état de choses est parfois dangereux, c'est pourquoi les Romains déploraient

comme fatal à la République l'usage des grosses dots.
Mise à la tête d'affaires auxquelles elle est étrangère,
ou bien la femme les laisse dépérir par apathie, ou
bien exclusivement occupée à leur sujet, elle néglige
et la direction de son ménage et l'éducation de ses
enfants. Trop souvent enfin, lorsque c'est elle qui
a apporté la fortune, elle acquiert, grâce à ses pouvoirs, une importance prépondérante dans la maison,
aux dépens du mari, qui se trouve alors rejeté au
second rang. Si, au contraire, ce dernier, grâce à
l'unité de jouissance, concentre en ses mains l'administration, la direction donnée aux intérêts pécuniaires des époux est unique, c'est cette unité qui
est le plus souvent la source de leur prospérité.

Les anciens Romains avaient bien reconnu la
force de cette idée, lorsqu'ils établissaient dans le mariage le système despotique de la *manus*; cette institution fit l'empire romain, mais elle tomba, car
pour éviter un défaut, le législateur était tombé
dans un vice, l'absorption de la personnalité de
l'épouse par celle de son mari : depuis, de nombreuses combinaisons ont été proposées, et on est
aujourd'hui encore obligé d'en revenir à l'idée primitive.

Nous avons noté tout à l'heure au nombre des
avantages pratiques de la société d'acquêts jointe au
régime dotal la garantie des droits de la femme.
Dirigée contre la personne du mari, cette garantie
semble en opposition avec l'esprit de l'institution du
mariage. Effectivement, elle serait dénuée d'utilité,
et par conséquent répréhensible, si tout mari était

un prudent administrateur ; mais souvent son humeur
aventureuse, son goût pour les spéculations, ses
prodigalités seraient de nature à compromettre gra-
vement les droits de la femme dont l'administration
lui est confiée : il faut alors que la loi intervienne,
garantisse l'épouse contre les conséquences d'actes
auxquels elle a été forcément étrangère. C'est ce
qu'elle a fait par l'institution de l'action paulienne,
de la renonciation à la société conjugale, de son
acceptation sous bénéfice d'émolument, enfin, de
l'inaliénabilité. Toutes ces sûretés ont un même but,
garantir les droits de la femme, et à ce titre elles
sont toutes également louables. « L'affaire de
l'homme est d'acquérir ; celle de la femme est de
conserver, » a dit Aristote. Cette maxime, qui mériterait d'être inscrite à la tête de toutes les législations nuptiales, ne peut recevoir son application si
la loi n'institue pas des garanties énergiques qui assurent la conservation du bien de la femme, même à
l'égard des tiers. L'intérêt de ces derniers est souvent mis en avant pour combattre l'inaliénabilité
dotale ; dès le début de cette étude, nous avons essayé de la justifier ; nous n'y reviendrons donc pas,
et nous nous bornerons à citer quelques lignes que
nous empruntons à un des plus chauds adversaires
de l'inaliénabilité :

« Le régime dotal n'est que l'expression d'une loi
générale et permanente qui, sous des formes variées,
s'est imposée à tous les siècles et à tous les peuples,
la loi de la conservation des biens dans les familles.
Tous les législateurs ont senti le besoin d'établir à

côté de cette richesse mobile qui, entraînée par les
besoins du commerce, circule, se transforme, périt
et renaît incessamment, un patrimoine stable et du-
rable, une sorte de réserve pour les générations
futures. De là, les lois sur les légitimes et les ré-
serves successorales; sur les retraits lignagers, sur
les substitutions et les majorats, de là enfin, le
régime dotal. » (Gide — *De la femme*, p. 548. 549).
De l'aveu même de l'illustre professeur de Paris,
le régime dotal touche à l'ordre public; qu'est-ce
que la dotalité sinon l'inaliénabilité des biens de la
femme?

En résumé, au point de vue des principes, au
point de vue de la pratique, le régime dotal avec
société d'acquêts par sa base comme par ses conséquences, est essentiellement recommandable; à
défaut d'autre preuve, l'usage qu'en a fait la pratique
ancienne et moderne suffirait à le démontrer et à
faire décider que c'est bien là le régime nuptial le
plus parfait qui ait jamais été imaginé jusqu'à ce
jour.

La France n'est pas, du reste, la seule nation qui
en ait senti la supériorité. Nous le retrouvons dans
plusieurs nations étrangères, modifié, sans doute,
quant aux règles de détail, mais reposant toujours
sur les mêmes bases. L'Italie, berceau de la dotalité,
donne aux époux toute liberté de combiner à leur
guise les stipulations matrimoniales auxquelles ils
veulent se soumettre. De régime légal, le Code italien n'en établit pas. Les époux mariés sans contrat
seront donc séparés de biens (1425, Cod. it.); mais

ils peuvent se marier en communauté, et alors leur association sera nécessairement réduite aux seuls acquêts, la loi ne leur en permettant pas d'autres (1433, *ibid.*). Par contre, moins laconique que la nôtre, elle lui a consacré plusieurs articles et a tranché nombre de questions, qui sont chez nous l'objet de controverses. Voici les principales différences que nous rencontrons, à ce sujet, entre la loi italienne et la nôtre :

1º Les créanciers sociaux ont sur les biens communs un droit de préférence par rapport aux créanciers personnels des époux (1436, *ibid.*);

2º Les pouvoirs de dispositions du mari sur les biens communs ne s'étendent, en aucun cas, jusqu'aux aliénations à titre gratuit (1438, *ibid.*);

3º La femme peut accepter la communauté sous bénéfice d'inventaire (1444).

4º La preuve exigée pour la reprise des apports des époux est réglée législativement, soit dans les rapports des époux entre eux, soit à l'égard des tiers (1586).

La dotalité n'est pas de droit commun, en Italie, non plus que la stipulation d'une communauté d'acquêts, mais rien n'empêche les époux de les unir en en manifestant la volonté.

Fidèle aux traditions de l'ancienne Germanie, le droit allemand moderne adopte en principe la communauté entre époux. La dotalité, empruntée aux Romains, a été introduite en Allemagne, mais elle n'y a pas prospéré. On la retrouve très rarement, et, détail curieux, elle y a conservé intact jusqu'à ce jour, les principes qui la gouvernaient sous Justinien. Ainsi la constitution de dot est possible au cours du mariage et l'hypothèque qui garantit l'exercice des reprises de la femme est privilégiée.

La communauté prédomine donc; mais aujourd'hui, comme autrefois, ses caractères varient avec les localités. En Franconie, dans plusieurs villes de Westphalie, une communauté universelle est usitée entre époux, le Sleswig, Francfort, Cologne, la Hesse-Darmstadt, suivent les principes du Code Napoléon; on trouve la séparation de biens dans la Marche, le Brandebourg; enfin, le Wurtemberg, le duché de Bade, la Bavière, l'Autriche, pratiquent la communauté d'acquêts. Si l'on prend comme type la législation de cette dernière contrée, on voit que l'étendue de la communauté dépend de la convention des époux, (1233, Code autr.) sans qu'elle puisse jamais comprendre les biens advenus par succession ou donation. (1177, *ib.*) L'effet de la communauté est reculé à la mort de l'un des époux. (1234, *ib.*) Enfin, le mari est, jusqu'à preuve contraire, présumé administrateur des propres de sa femme (1).

Le droit anglais, assemblage de vieilles coutumes, ne nous présente pas d'institutions aussi semblables que les précédentes à notre société d'acquêts. On n'y

---

(1) Anthoine de Saint-Joseph.... *Concordance des Codes*, page 140, etc.

rencontre pas de société de bien entre mari et femme, une pareille stipulation est même proscrite. Le système de la loi anglaise se rapproche assez, à notre point de vue, de la *manus* des Romains. L'idée de l'autorité du mari y est placée très haut, la concentration en ses mains de tous les pouvoirs d'administration est absolue. La femme est tellement absorbée dans la personnalité du mari qu'elle n'est pas admise à contracter avec lui ; on rencontre là, à defaut de société dans les biens, une main intime dans les personnes des époux. Bien plus, les Anglais ont poussé à l'exagération la theorie de l'unité. Le mariage est, en effet, pour le mari, un mode d'acquérir la propriété des biens de la femme, non de tous, mais de certains d'entre eux, les biens mobiliers, et certains droits d'une nature particulière, nommés *chattels*. Quant aux autres biens ils ne passent au mari qu'en usufruit.

Ces pouvoirs exorbitants ont reçu, en faveur de la femme, certaines compensations. Aussi elle a droit à la propriété de certains biens du mari, joyaux, vêtements, nommés *paraphernalia*, mais ce droit ne peut être considéré que comme un retrait, car avant d'appartenir au mari, les *paraphernalia* figuraient pour la plupart dans le patrimoine de la femme.

L'épouse anglaise peut réclamer un douaire du tiers des *ténements* dont le mari a l'usufruit ; ce douaire ne lui appartient que sa vie durant.

Il peut, du reste, être remplacé par une autre institution relativement récente : la dot. La dot est constituée à la femme avant le mariage ou pendant sa durée ; la propriété en reste perpétuellement à la femme ; mais, pour arriver à ce résultat, sans froisser les principes, la constitution de dot se fonde sur la fiction du *domaine équitable*, fiction introduite autrefois dans l'intérêt de l'Eglise.

Grâce à cette fiction, la propriété de la dot se divise : un domaine supérieur dénué d'utilité, est attribué à un tiers le *trustée* et le *doma ne équitable*, droit qui rappelle la propriété prétorienne reste à la femme.

Le *trustée* est, en quelque sorte, un fiduciaire : on choisit ordinairement le mari pour remplir ce rôle (1).

En résumé, le principe de l'unité dans l'autorité existe en Angleterre, mais la garantie des droits de la femme y fait complétement défaut.

Tel est le rôle joué jusqu'à ce jour par la société d'acquêts, telle est la situation qu'elle s'est créée.

Ce rôle est-il complet, cette situation est-elle définitive? Telle est la dernière question à laquelle nous ayons à répondre.

Nous estimons, pour notre part, que la société d'acquêts n'a pas joui, dans la France ancienne et moderne, de la position à laquelle, en raison de son importance pratique, elle serait en droit de prétendre. La place de la stipulation conventionnelle qui, depuis plusieurs siècles, figure habituellement dans les contrats de mariage, est dans la loi, et cette place

---

(1) Blackstone, *Commentaire sur les Lois anglaises*, t. III, p. 417 et s.

doit consister non point en un simple article de renvoi comme l'article 1581, mais dans un titre tout entier consacré aux règles d'un régime qui mériterait, à notre avis, de former le droit commun.

On se souvient qu'aux cours des travaux préparatoires, la proposition de faire de la communauté d'acquêts, le régime légal de la France, fut mise en avant et sérieusement discutée; cette place que l'on revendiquait autrefois pour la communauté d'acquêts, nous la réclamons aujourd'hui pour la société d'acquêts, ce régime mixte qui résume en lui les principaux avantages du régime dotal et de la communauté, sans participer pour cela à leurs inconvénients. Certes, nous ne prétendons pas qu'il soit opportun d'étendre la dotalité aux pays coutumiers qui l'ont toujours abhorrée; mais, pour eux, la communauté d'acquêts ne serait-elle pas un régime légal convenable; un régime qui ne prêterait pas, comme la communauté légale, à tant de critiques bien fondées. Quant aux pays de Droit écrit, nous estimons que remplacer la communauté légale par notre régime serait leur rendre un véritable bienfait. Attachées à la fois à la dotalité romaine et à la communauté dans les acquêts que leur ont léguée les traditions nationales, ces contrées se trouvent aujourd'hui dans une situation étrange : les époux à qui leur fortune permet de payer les frais d'un contrat de mariage sont libres de suivre le régime nuptial qui leur vient de leurs ancêtres ; ceux au contraire, c'est le plus grand nombre, que la modicité de leurs ressources oblige à se marier sans contrat, ceux-là pour qui cependant, au dire de

Berlier, le titre de contrat de mariage a été spécialement fait, se voient soumis à un régime en opposition complète avec leurs habitudes et leurs traditions, la communauté légale.

Il y a une anomalie à faire disparaître : le projet que nous mettons en avant la réduirait à néant. Il soulève, il est vrai, deux objections. Faire de la dotalité même, modifiée par l'association des époux au régime de droit commun, est impossible en pratique.

Le régime dotal implique nécessairement la distinction des biens de la femme en dotaux et paraphernaux, distinction qui nécessitera toujours un contrat. Or, le régime légal est précisément celui des parties qui ne peuvent ou ne veulent pas en faire. Cette première objection n'est pas fondée. Dans la communauté légale, les biens des époux se divisent de même en biens propres et biens communs ; comment la loi a-t-elle paré à cette difficulté ? En déterminant d'avance quels biens dans le silence des époux, seraient propres et quels biens communs. De même dans notre espèce, qui l'empêchera de distinguer législativement les biens dotaux des paraphernaux ; bien plus, grâce à une distinction intelligente, elle pourra éviter nombre d'inconvénients attachés au régime dotal. Ainsi, en frappant de dotalité les seuls immeubles de la femme, elle soustraira les époux mariés sans contrat aux difficultés considérables soulevées par la question de l'inaliénabilité de la dot mobilière.

Une seconde objection nous est opposée. On prétend que la société d'acquêts ne servirait, par son adoption, qu'à empirer la situation des époux mariés sans contrat, qui cumuleront, sous notre régime, et le peu de crédit attaché au régime dotal et les complications de liquidation qui suivent toujours la dissolution d'une société établie entre eux. Cette objection est mieux fondée que la précédente; elle n'est cependant pas irréfutable.

Des complications existent sans doute dans les partages, mais qui les a établies, sinon la loi et pendant que nous sommes dans le domaine des chimères, pourquoi ne pas espérer qu'un jour ou l'autre elle détruira une œuvre déjà souvent attaquée. Cela étant rien ne s'opposerait au fonctionnement d'un régime qui, à tous les points de vue, présenterait une notable supériorité sur les autres.

Le législateur a donc en notre matière une grande œuvre à accomplir : relever la société d'acquêts, lui donner la place qui lui convient et où elle serait la plus utile. Mais là ne devra pas se borner sa tâche. On a pu voir dans le cours de cette étude que le peu d'espace consacré par le législateur du Code civil à la société d'acquêts a laissé dans l'ombre une foule de points qui, par leur importance, méritaient d'attirer son attention, il y a là un défaut à corriger; il serait à désirer qu'une loi plus explicite vint trancher les principales questions qui s'élèvent aujourd'hui soit sur la composition, l'administration du fonds social : la preuve nécessaire pour autoriser les reprises des époux serait également digne d'attirer l'attention du législateur. Enfin, il serait utile que suivant en cela une heureuse innovation due au Code italien

(1405), il permit l'aliénation de la dot subordonnée à l'autorisation des tribunaux.

Tels sont les principaux points qui mériteraient à notre avis l'intervention de l'autorité législative : il y a là une œuvre grande et digne en tout point d'honorer ceux qui la réaliseront.

Quant à nous notre tâche est terminée. Nous ne pouvons pas nous flatter d'avoir jeté un nouveau jour sur la matière, objet de notre étude, mais si nous avons été assez heureux pour en exposer clairement et complétement les principes, notre but aura été atteint.

POSITIONS

DROIT ROMAIN

I. — Il n'a pas existé en Droit romain de sociétés taisibles entre cohéritiers.

II. — La *capitis deminutio minima* ne suppose pas nécessairement un amoindrissement dans la capacité juridique de celui qui la subit.

III. — L'interdit *quorum bonorum* ne se confond pas avec la *petitio hereditatis possessoria*.

IV. — Le Droit romain ne reconnut pas l'existence d'un interdit quasi-Salvien au profit des créanciers hypothécaires du fermier.

DROIT CIVIL

I. — La possession d'état est une preuve de la filiation naturelle.

II. — L'enfant naturel reconnu dans le cas de l'article 337, Code civil, est capable de recevoir dans les limites de l'article 908, Code civil.

III. — Les libéralités de nue propriété, qui excèdent la nue propriété de la quotité disponible, doivent être traitées comme les libéralités d'usufruit, conformément à l'article 917, Code civil.

IV. — Pour calculer la lésion en matière de partage d'ascendants fait entre-vifs, il faut se placer au moment du partage.

V. — L'article 1597, Code civil, s'applique même au créancier qui a reçu en paiement un droit litigieux de son débiteur.

VI. — Le tiers détenteur prescrit l'extinction de l'hypothèque ou du privilége avant l'échéance du terme de la créance hypothécaire ou privilégiée.

DROIT COMMERCIAL

I. — La femme du failli a hypothèque légale sur la totalité de l'immeuble adjugé sur licitation à son mari, et non pas seulement sur sa part héréditaire dans cet immeuble.

II. — Une société en nom collectif peut figurer comme associée dans une autre société en nom collectif.

DROIT ADMINISTRATIF

I. — Le ministre ne peut annuler un arrêté préfectoral de tutelle administrative, que lorsque les choses sont encore entières, et non lorsque l'acte autorisé est conclu et a reçu un commencement d'exécution.

II. — Les marchés de fournitures intéressant les

départements ou les communes sont de la compétence des tribunaux ordinaires.

DROIT PÉNAL

I. — Le principe du non-cumul des peines n'est pas applicable aux contraventions.

II. — Le moyen d'extranéité peut être invoqué par l'accusé devant la Cour d'assises.

Vu :

Le Doyen, Président de la Thèse,

A. GUEYMARD.

Vu et permis d'imprimer :

Le Recteur de l'Académie,

Ch. DREYSS.

N

TABLE DES MATIÈRES

DROIT CIVIL

GRENOBLE, IMP. F. ALLIER, GRAND'RUE, 8.

www.ingramcontent.com/pod-product-compliance
Lightning Source LLC
Chambersburg PA
CBHW060423200326
41518CB00009B/1469